鬱蒼とした巨杉にかこまれる高野山奥の院参道を歩く。

那智大滝（一の滝）をバックに青岸渡寺三重塔に立つ。

金峯山修験本宗 宗務総長・田中利典師に御本尊・
金剛蔵王権現像前で説明を受ける筆者。

不動明王像の前で。聖護院門跡
の宮城泰年門主と。

道成寺の本尊・千手観音（国宝）を拝する筆者。

當麻寺写仏道場の當麻曼陀羅を前に。ご住職からお話を聞く。

〈写真上2枚〉西本願寺の飛雲閣は、金閣、銀閣とともに京都三名閣のひとつ。秀吉が建てた聚楽第（じゅらくだい）の一部を移築したもの。

現存最古の能舞台である西本願寺北能舞台（国宝）。

西本願寺唐門。黒塗りに極彩色の四脚門で、美事な彫刻が施されている。

にっぽん聖地巡拝の旅

目次

口　絵（撮影・若林　純）

カバー絵／中川 学
写真・取材協力／若林 純
装幀／山本太郎

① 高野山へ

――自分を磨く山のみち

●天野の里の赤い女神

車が山道のカーブを巻くように下っていくと、一つ、二つ、民家の屋根が現れる。なだらかな山裾が尽きて平らになって、また次の山並みを望むしばしの平地に、人が丹念に作った田園と集落と。里、という単語はまさにこの風景こそをさすのだろう。白洲正子が『かくれ里』の中で桃源郷と言った、天野《あまの》の里だ。

山の旅をしてきた者には、晴れやかに視界が開けるこの場所に、そっと腰を下ろしたくなるのも当然な気がする。神代の昔、旅をしてきた一人の女神も、同じ思いでこの地に鎮座したのではないだろうか。よき地はよき神を招き、よき風を吹かせるにちがいない。

その女神とは、丹生都比売大神《にうつひめのおおかみ》。紀ノ川のほとりに降臨し、大和から紀伊一円をめぐって農耕をひろめたという豊穣の女神だ。いまから千七百年も昔のことになる。別名を稚日女命《わかひるめのみこと》。天照大神の妹にあたるそうだ。

この女神の名の一字、〝丹〟とは辰砂《しんしゃ》（丹砂《たんしゃ》とも）のことで、いまで言う硫化水銀（HgS）をさす。赤い色をしたその鉱石からは朱が採れ、朱肉や赤色顔料に使われるが、殺菌作用もあり、かつては赤チンなどにも用いられた。

古代の人は、この赤い色には魔除けの力があると信じたようで、実際、神功皇后はこの女神の託宣を受けて船や武具を朱で塗り、朝鮮半島に出兵した時、勝利をおさめたことが『播磨国風土記《はりまのくにふどき》』に記されている。なるほどいまでも多くの神社が鳥居や橋の欄干を朱に塗っているのはこのためだろう。

戦勝の御礼に、息子である応神天皇から女神に広大な土地が贈られた。紀伊山地北西部一帯がそれに入り、高野山も含まれている。

〝丹〟にはたいへんな需要があり、鉱脈を支配する一族は大きな勢力を持つことになった。全国には各地に丹砂が採れた地域があり、丹生の名前が残っている。そして必ず守り神にはこの女神を祀ってきた。その数、百八十ともいわれている。女神はあらゆる災いを払い、打ち勝つ神として、その神領に住まう里人に富をもたらす象徴となったのであろう。

天野の神社は全国の丹生一族があがめる女神の頂点。その丹生都比売神社を訪ねて行く。

●朱の神社を訪ねて

魔除けの朱を輝かす外鳥居をくぐると、鏡池《かがみいけ》を渡る太鼓橋もまた朱色。そして正面に見えてくる檜皮葺《ひわだぶき》の楼門にも、やはり朱が効果的に用いられている。あたりがあまりに静かなので、いきなり別世界に迷い込んだ印象だ。

背後にある本殿は、右から順に第一殿から第四殿が北に面して並んでいる。

第一社殿に鎮座するのはもちろん丹生都比売大神。第二殿は、その子、高野御子《こうやみこ》大神《おおかみ》で、第三殿には食べ物をつかさどる女神、大食都《おおげつ》比売大神《ひめのおおかみ》。そして第四殿には財宝と芸能の神である市杵《いちき》島《しま》比売大神《ひめのおおかみ》が祀られている。実に強力な女神たちのラインナップだが、唯一、男神の高野御子大神も、後の働きにより人を幸運な方向へと導く神として信仰されるのだから、ここには人生に必要な願いをすべてかなえる神々が集っていることになる。

屋根を支える柱や向拝にはみごとな極彩色の図柄がほどこされ、基調の朱と鮮やかに合致している。木鼻に、牙を持った象がかたどられているのも目を惹かれる。寺院建築の影響だろうか、と考えた矢先、珍しいものに目が留まった。玉垣前の柵に納められた、奉書で包んだ立派なお札だ。聞けば、高野山で加行《けぎょう》を終えた僧が奉納したものという。

僧が、神社におまいりを？——違和感を抑えられない私に、宮司の丹生晃市さんは平然と、そうですよ、とうなずかれる。ちなみに、宮司の名字は丹生と書くがニウと読み、ここ天野とは無縁の九州出身だが、おそらく先祖は同じ〝丹〟につながる一族だっただろうとのこと。神社庁も、名前に連なる縁を大前提に、無住だったこの神社へ丹生さんを赴任させたというからおもしろい。

「高野山の学修僧の方々は、秋に行われる金剛峯寺《こんごうぶじ》の勧学会《かんがくえ》のあと、無事に成満《じょうまん》したことを報告しにいらっしゃいます。そして、神前で読経なさるんですよ」

高野山の僧が、神社におまいり。そして神前で読経。――聞いたばかりの不思議な構図を、さらに宮司の言葉が刺激する。

「実は高野山の上にも、これと同じ形をした神社がまつられているのです」

仏教の聖地、あの大伽藍の中に神社があるというのか？　高野山へは前にも来たが、うっかりそんな不思議に気づかずにいた。

高野山へ――。古来、お山をめざす人々は九度山からまず自尊院を皮切りに、うねうねと峠を越えてここ天野に入り、二つ鳥居をくぐって丹生都比売神社に参っていくのが順路であったとか。神に詣でて、仏をめざす。全長十九キロの道のりは、一町ごとの標である町石に導かれるまま、その数字が小さくなるのをお山へ近づく励みとしたのだろう。車で行ける便利さに感謝しつつ、私も高野山をめざすことにした。

●その男、空と海の間にあって

丹をつかさどる女神が長く治めるこの里に、遠い海を渡って〝外《と》つ国の神〟――インドに興《おこ》って中国に受け継がれた仏教を、深く学んだ一人の僧がやってきた。

その僧、空海が、高野山の下賜を嵯峨天皇に願い出たのは弘仁七年(八一六)、四十三歳の時のことだった。周囲を千メートル級の山八つに囲まれた東西六キロ、南北三キロの広大な領域である。彼はそこに、壮大な密教世界を実現する大伽藍の造営を計画したのだった。

空海、またの名を弘法大師。そのプロフィールは言わずもがなであろう。三十一歳で遣唐使として大陸に渡った彼は、通常二十年と定められる留学期間をわずか二年で切り上げて帰るが、その間、伝法阿闍梨《あじゃり》の灌頂《かんじょう》を受け、膨大な経文とともに密教を受け継いでいる。

おそろしいまでの学問成就のスピード、おそろしいまでの頭脳白皙《はくせき》。イメージは知の巨人だが、険しい山岳に入って人を磨き行を修める、屈強な修行僧でもあった。そして同時に、いまなお「お大師さま」と慕われるように、ひたすら国を守り庶民をあまねく救うため精進をした、慈愛あふれる指導者でもあった。自分の後に来る無数の後進、そして救いを求める衆生のために、彼は地上に密教の教えを立体的に表そうとした。高野山は、そのために選ばれた聖地であったのだ。

今昔物語によれば、旅をしてきた大師の前に、赤い顔をした猟師が二匹の犬を連れて現れ、求める場所を教えようと言う。そして導かれたのが紀州の山であったというわけだ。

赤い顔の猟師。――丹砂の朱が顔に付着していたことを示すこの表現からは、猟師が、実は第二社殿にまつられている、あの丹生都比売命の子、高野御子であったとわかる。

おそらく頭脳明晰な大師のこと、広大な寺院を造営するのに丹砂や水銀による財力が必要であるのは知っていたに違いない。丹生一族の協力を得ながら、世界のどこにもありえなかった密教伽藍の造営はなされていく。

大塔を中心に、御影堂、金堂、西塔、不動堂などが並び立つ壇上伽藍。鬱蒼《うっそう》とした杉の木立に囲まれた石畳の参道の先に鎮まる奥の院とともに、いまなお信仰を集める地上の密教世界の構築図だ。そしてその一角に、訪ねてきた神社はあった。御社《みやしろ》と呼びならわされている四社明神である。柵から覗けば、天野の本社と同じく、檜皮葺きに朱色の柱、極彩色の装飾がほどこされた優美な社殿が文字通りかいま見える。

「お大師さまは、唐に渡って先進の密教を学ばれた方でしたが、日本古来の神々の信仰にもたいへん敬意を払われていたのです」

この日泊めていただく宿坊の恵光院住職の近藤大玄さんから話を聞いた。大師は真言宗の守護神として、自分たちより先にこの地に定着していた地主神、丹生都比売大神、高野御子明神（狩場明神ともいう）を地主として勧請したのである。

なんという寛容だろう。自分とあいいれぬ存在であるはずのものにも敬意を払い、駆逐はせずに、ともに共存、融和する。そのようにして本地《ほんじ》垂迹《すいじゃく》――神と仏の融合は生まれた。日本人の神仏融合とは、なんとおおらかでやさしいのだろう。

「お大師さまが、もともとそういう懐の深い、寛大なお方であったからですね」

まるでつい先頃会ったように住職は言う。そう、奥の院では、いまなおお大師さまは生きておられると信じられている。そして山の下では無数の人が大師と同行二人であることを願い、自分を磨く旅路へ出掛けていく。その理由、だんだん知りたくなっている私だ。

壇上伽藍の大塔

●宿坊の体験

今夜の宿坊、恵光院《えこういん》には、外国人の宿泊者も多い。若い僧が多く、英語もできる人材がそろっているのは、高野山が世界遺産でもある以上、大事なことかもしれない。大師の寛容からいけば、信仰のためにお籠もりをする信心深い人も、物見遊山で訪れる観光客も、重さにおいては等しいに違いないのだ。

夕刻には阿字観《あじかん》道場で精神修養のための修行を体験

させてもらった。静かに座って瞑想する中で、心の中で宇宙と自分自身の一体感を得ていくというもの。難しいヨガや禅とは異なり、感覚として頭の奥が広くなり心が新しくなった気分になるから不思議なものだ。

また、せっかくなので早朝に本堂で行われるお勤めにも参加して、その後、毘沙門堂での護摩供養にも行ってみた。炎を用いて護摩を焚くため堂内は黒く煤《すす》け、現世を生きる我々の願いが凝縮しているかのような濃密な空間。大師作と伝えられるご本尊だが、修復の跡があるため文化財指定を免れて、いまも毎日法会《ほうえ》の煤を浴びておられる。

「仏さまは文化財になったら別物。拝むためにこそ存在するものだと思いますよ」

副住職の近藤説秀さんが言う。なるほど、衆生を救うことを願った大師なら、自分が彫った仏が博物館のガラスの奥にしまいこまれることは本望ではなかったろう。

かつてこの地は女人禁制。そのため、境界線の手前では、そこから先に進めぬ女人の祈りを受け止めるための女人堂が各入口ごとに設けられていた。かつては大師の母親ですら越えることの出来なかった結界である。

明治になって禁制が解かれ、七つあった女人堂もいまではただ一カ所を残すのみ。はるばる山道をここまできた女たちの、祈りの声がしみつくような風情が胸にせまる。

聖地高野山の朝夕の気を吸い込み、ままごとめいた仏教体験を味わわせてもらう短い滞在。けれども不勉強にして不信心なこの私にも、背筋を正されるような敬虔な気持ちが満ち来《きた》るようだ。日本人が何を求め何をめざしてお山をめがけて苦難の道を歩いてきたか、みつけてみたくなっている。

始めてみようか、心の旅を。

天野と高野山を合わせれば高天原。ここを出発点に、聖地の旅を、いま始める。

宿坊恵光院の阿字観道場

②大神《おおみわ》神社〜四天王寺
——最初の神とほとけ

●神の棲む森

四方を海に囲まれ、緑したたる森に覆われた日本。四季があり、水がゆたかで、自然と折り合いをつけさえすればそのふところで累々と穏やかな暮らしを営むことができた国。

地上にまれなるこの地を、古代の人は「まほろば」と呼んだ。それは古語で素晴らしい場所、住みやすい場所、を意味している。

事実、森に入れば暖を取る薪や風雪をしのぐ家屋を築く木材があったし、山菜や木の実、茸類など日常の食糧にも事欠かず、ウサギや鹿など動物性蛋白質にも恵まれる。衣食住、人が生きるために必要なものは、ただただこの地にいることで保障されたのだ。

その恵まれぐあいは、たとえば他国の、広大な地続きに線を区切って暮らした民族と比べれば納得がいく。過酷な自然を生き抜くには家畜を食べるほかになく、それらを肥え太らせる緑と水を求めて移動を重ねた歳月。ここではないどこか――ユートピアである「まほろば」を探してさすらう歴史であった。

極寒の朝夕、灼熱の昼間に耐えるには、絶対的な力を持ったただ唯一の神が必要だった。ここではないはるかな天へと導く強力な神。大陸のはざま、砂漠の地で生まれたキリスト教やイスラム教はその代表だろう。

だが最初から「まほろば」に住んだ我々の先祖たちは違っていた。緑の森には木々をそよぐ風があり、尾根を覆う霧があり、こんこんと湧き出る甘露やころげるような渓流があって、さまざまな場面で人を導き助けてくれる。その恩恵を受けた時も、当然とは思い上がらず、謙虚に、見えない神に感謝した。畏れ敬えば、どこまでも恵み与えてくれる寛大な神々。怒らせないよう機嫌を損ねないよう、人々は何千年も神と融和し生きてきた。それが、日本の神の姿だ。

では、日本人が最初に神を祀った、いちばん古い神社はどこだろう。原始の神に会うために、年表を開く。そして、奈良へ、最古とされる大神神社《おおみわじんじゃ》を訪ねることにした。

●かむなびの地、三輪山に神を見る

近年、卑弥呼の墓ではないかとされる箸墓古墳《はしはかこふん》により邪馬台国はここではないかと騒がれ、考古学ファンを賑わす桜井市巻向地区。その地に立てば、いやでも視界に映るみごとな円錐形の山がある。――三輪山だ。

神奈備《かむなび》という言葉で表されるとおり、神霊が宿る依り代《よりしろ》として、大自然そのものを神体とみなした上代の人々の感性は実に鋭敏と言うべきだろう。日本の各地に神籬《ひもろぎ》、磐座《いわくら》などと呼ばれる神木《しんぼく》や鎮守の森があり、また霊峰富士や夫婦岩、那智の滝など、とびぬけて雄大な自然造形に神を見たのもその感性のなせるわざだ。その感受性は、ここ三輪山の端正な尾根の曲線にも、特別な神の居場所を感じさせたのだ。

事実、今日でさえ本殿を持たず、拝殿からは三輪山自体を神体として仰ぎ見る。山そのものが神であるとのとらえ方だ。

ほかにも特徴的なのは鳥居の形であると、宮司の鈴木寛治さんに教えてもらった。

「三輪山はま東にあるので、春分と秋分の日は、太陽がこの鳥居を通っていくのです」

なるほど、古代人が三輪山を神の座とみたのも、電灯などなく自然の光だけの下で暮らした人々の知恵の結果であったのか。

「それに、形をごらんください」

言われて見上げた鳥居は、明神鳥居三つを一つに組み合わせた三ツ鳥居。主祭神の大物主大神《おおものぬしのおおかみ》を中心に、左右に大己貴神《おおなむちのかみ》、少彦名神《すくなひこなのかみ》を配祀したイメージという。

三輪山に鎮座する神、大物主大神は、さすが山に縁が深く、水神であり雷神でもあり、稲作豊穣はもちろん、酒造りなどモノづくりを主とする産業の神として篤い信仰を集めている。なまめかしい伝説があるのも神話と人の歴史の境目がない原始の時代の神ならではだろう。伝説は、活《い》玉依姫《たまよりひめ》という美しい姫のもとへ、ある夜、立派な姿の男が忍んできたことから始まっていく。

男は夜な夜な姫の寝所を訪ねてちぎりを結び、ほどなく姫は懐妊する。父母は驚き、相手を問うも、娘にはどこの誰かもわからない。そこで寝所の入口に赤い土をまき、緒環《おだまき》の糸を通した針を男の着物のすそに刺して、帰る男の跡を追うことにした。しかし翌朝、赤土には足跡はなく、糸は入り口の戸の小さな穴を抜け出て、三輪山の神の森に入っていた。男の正体は蛇の姿で忍んできた山の神であったのだ。

大神神社拝殿

なんと素朴な話であろう。神は美しい娘に恋もするし、娘は大いなる神の腕に抱かれて新しい命を宿す。親たちにしても、大事な娘を孕《はら》ませた相手が神と知れば文句も言わず、生まれ来る子をいつくしんで育てたであろう。神と人、自然と暮らしが一体になってむすばれていた時代の言い伝えだ。

もっとも、時代の大きなうねりの中で、土地の氏神だったこの神社からは国の鎮護の神となった神々が伊勢神宮へと遷っていく。

いずれにせよ、この国のもっとも古い神への原始の信仰のさまがここにはある。

●海の外からやって来た神との戦

土地土地の秀麗に坐す神々に、祈り、祓《はら》い、ともに暮らしてきた日本の民。だが、外《と》つ国の神に遭遇する日はいつかくる。

海のむこうの大陸の、はるか天竺で生まれた神々が、仏教として形をまとめられ、中国から朝鮮を通じ、この極東の島国にたどりつくのであった。五三八年、百済《くだら》の聖明王《せいめいおう》の使者の訪れがそれである。

使者は、時の大王欽明天皇に、目にもまばゆい金銅の釈迦如来像や経典、仏具などを献上した。もたらされた文物のきらびやかさは、はるかに進んだ大陸の文化や技術を見せつけ、皇族、諸豪族らはいちように、生唾を飲んで献上品をみつめたであろう。異国の進んだ文化へのあこがれは、急速に人々を仏教に傾倒させていったにちがいない。

一方、かたくなに日本古来の神々を信奉する人々もいた。国際的な場に臨む機会の少ない豪族などは、なおも国の文化を固持したであろう。ここに、日本がその歴史で最初に体験する宗教戦争の火種はあった。

蘇我氏VS物部氏。やがて国を二分し血で血を洗う戦へと発展する二つの勢力は、同じ大臣《おおおみ》として国政を担いながらも、まったく違う立ち位置から外来の神をみつめていた。

片や外交を任務とし、海外事情にも詳しい蘇我の一族。そしてもう一方は、軍事を司り、国内の治安につとめる物部の一族である。崇仏派の蘇我、廃仏派の物部、と色分けされるが、仏教論争がなかったとしても、いずれ雌雄をつけるべき政敵どうしなのであった。

● 崇仏派の勝利の後に

時は推古天皇の御代となり「仏教興隆の詔《みことのり》」が出され、各地で寺院建設は始まっていく。その間にも、崇仏派と廃仏派、蘇我氏と物部氏は、ついに一線を交えねばおさまらぬ状況を迎えていた。戦いの火ぶたは切られるべくして切って落とされる。

崇仏派の頂点として、蘇我馬子はこの戦いに勝利したなら仏寺を建立することを誓う。そして実際、勝利ののちに寺を建てた。日本で最初ともいわれる本格寺院で、奈良県高市郡明日香村にある飛鳥寺がそれである。天皇の宮ですらまだお粗末な板葺きの時代、瓦の屋根を反らせた高句麗式の豪華な寺院で、重い瓦を支えるために礎石を用いた建築は当時の日本にはない高度な技術であっただろう。

もっとも、いくら財力や権力があろうとも蘇我氏はあくまで臣下。仏教が説く先祖供養のための、私的な寺という位置づけだった。

一方、時を同じくし、同じ誓いをたてた若き皇子がいた。軍事を専門とする物部氏相手に崇仏派は苦戦続きだったが、勝たせてくれたなら国家の力で四天王を祀る寺を建立しよう、と彼は祈る。その皇子こそが、後の聖徳太子である。

誓いを聞きとげた毘沙門天が、みごと一本の矢で敵の大将守屋を射落とし、廃仏派はちりぢりに。崇仏派は奇跡の勝利を治めるのだ。

こうして、太子の号令により、国家による本格寺院が難波津《なにわづ》に出現する。

五九三年造営開始。瓦葺きで、四天王寺式伽藍配置と呼ばれる独特の様式を持った大伽藍だ。中門、塔、金堂、講堂を南から北へ一直線に配置する百済形式の寺院建築は、当時、瀬戸内を通って難波津にたどりついた外国船を正面から出迎える格好になり、遠来の客を圧倒しただろう。極東の島国ながら、先進国にも怖《お》じることなく対等外交を貫いた太子の気骨が見て取れる。

聖徳太子みずからの創建になる四天王寺は、平安時代以降、太子信仰のメッカとなっていく。

ここが東門、と案内された寺の結界は、かつてはそこまで海だったという。そっと目をつぶってみれば、いまではすっかり建て込む都会になってしまったその方角に、潮騒の音が聞こえる気がする。だが、待てよ――東門とは言うけれど、こっちは西の方角だ。

「寺にとっては西門になりますが、そこから先は海、そして西方極楽浄土。その入り口とみなせば東門です」

とは、参詣部課長の山岡武明さんのご説明。なるほど、寺院が一列になって向かう西の方角には、太陽が沈み、死者がおもむく極楽浄土がある。浄土信仰の流行とともに、四天王寺の西門は西方の海に沈む夕陽を拝する聖地として、多くの信者を集めた。周辺の地名や駅の名前にもなっている「天王寺」とは、ここへお参りする人々が親しく呼んだ名前であった。

太子は戦の後も勝利におごらず、和をもって貴しとなす、の言葉どおり、敗れた廃仏派、すなわち昔ながらの神を擁護する者たちを否定することは決してなかった。これが、現代もなおテロで血を流し続ける他国の宗教戦争とは根本的に違うところであろう。

以降、この国では、敗れたはずの日本古来の神々と、外国からやってきた神々とが、矛盾もせずに同じ風土におさまっていく。

神仏融合。互いに違うものが存在することを柔軟に受け入れよしとした、この国の独自のかたちの仏教がこのとき始まる。

四天王寺

③ 法華山一乗寺〜摩耶山天上寺

——はるけき国から来た力

●海の道、世界に通ず

緑に抱かれた理想郷、大和。ここからはるかな異国へ通じる道は、古来、瀬戸内海がその役割を担ってきた。

その瀬戸内海に平行した広がりが播磨《はりま》平野だ。『播磨国風土記』をひもとけば、朝鮮に出兵したという神功皇后の足跡をしのばせる地名が多いのもその表れで、まさに瀬戸内海は海の通り道、という位置づけになる。

むろん現代のように、あふれるような街の灯もなければ灯台すらもない時代、航海はひたすら太陽や月が天にある間に限られた。『万葉集』の額田女王《ぬかたのおおきみ》の歌からは、そんな古代の出航がありありと浮かぶ。

熟田津《にきたつ》に船乗りせむと月待てば

潮もかなひぬ　今はこぎいでな

朝鮮半島で起こった戦に対し、百済《くだら》を助け新羅《しらぎ》を討つため、女帝斉明天皇が軍船を率いて月光きらめく波濤へと漕ぎ出す瞬間である。

神功皇后といい、斉明天皇といい、古代の女性は戦のためにみずから海を超えることもおそれなかった。仏教が国家宗教として定まる前段階のこの時代、彼女たちがいったい心の内にどんな神をよりどころとしたのか、その惑いのなさには感服する。

さて、この〝海の通路〟は、大陸への出口であると同時に、逆に、外なる国から訪れるさまざまな人や文物の入口でもあった。落ち着くべき場を求めて平和的に入ってきたものを数えればきりがない。稲作、金属器、機織り、製陶などの生活技術から、天文や占術、漢字や思想哲学にいたるまで。六世紀後半には、外交を担当した蘇我氏がいちはやく仏教に帰依して寺院の建立に努めたが、七世紀、熟田津から出航したくだんの女帝、斉明天皇は、民の疲弊《ひへい》もかえりみず巨大な石造物をいくつも築かせた。それは道教の影響だったというから興味深い。当時、大陸で最先端の文明を誇った中国からは、儒教、仏教、道教が並び立って日本へともたらされてきたことがしのばれる。

そして、それらの経路はすべて瀬戸内だったのだ。ゆえに、陸の播磨は、そうした高等技術を伝えた渡来人とのかかわりが深い。

そもそも播磨という地名には針の文字を充てたものもあり、早くから金属を磨く技術集団がいたと想像できるほどだ。

それら播磨にたどりついた渡来の人々の中に、インドから来たとの由来の人がいる。法道仙人《ほうどうせんにん》――。斉明天皇の時代、インドから中国、そして朝鮮半島を経由してはるばる日本へと渡ってきたとされるこの人は、播磨一帯の山岳で百を越す寺の開祖としてその名を残す。日本古来の神々や、道教、仏教、さまざまな神やほとけが海路を往来した時代、遠い異国から来たその人は、姿も言葉も異なる民が住む日本で、いったい何をなそうとしたのだろうか。ほとんど伝説の域を出ないその人物を追って、播磨の山々へと足を向けてみた。

●山岳信仰　最初の霊地・法華山

飛行機やヘリコプターのある現代ならばいざ知らず、海の道しか外へ通じる道がない六世紀に、その人物は〝空から〟やってきた。

紫の雲に乗って、と伝説は伝える。当時の人々にとってインドは文字通り雲をつかむような遠い土地で、空を飛ぶしか往来の手立てがないほどはるかな国に思えたのだろう。

そもそも伝説とは、荒唐無稽《こうとうむけい》ながらも偉大な力を持つものをたたえる謙虚さに満ちている。仙人が空から来たというのも、その偉大さを素直に表現した結果である。それというのもこの仙人は、播磨へ飛来したとき、空から見たのでなければわからないものを識別しているのだ。それは、八枚の花弁を持つ蓮の花のかたちをした山だった。八葉蓮華《はちようれんげ》、つまり、仏が座している極楽の花を意味する。

同じ形状をするからには霊山に違いなく、すぐさまその山は法華経の霊山という意味で「法華山」と名付けられた。

実際、地図で見ると、谷線、尾根線が複雑に入り組み、八葉に見えなくもない。それぞれの峰を源流とする法華山谷川や満願寺川などが山裾を区切り、周辺のどの山ともつながらない独立山の様相をそなえているのも特徴的だ。何にせよ、インドから来た仙人が日本で最初に発見した霊地がここなのである。

伝説では、法道仙人は不思議な術が使えた。空《から》の鉢を思いのままに飛ばすことができるというのだ。しかも鉢は鉄製だったらしい。

何日も何日も山中にこもる修行の日々では、最低限の糧を人々からのお供え物でつなぐ。いわゆる托鉢である。ふつうは信者の家々をめぐっていき、供え物によって信者にも功徳を積ませるという修行の一つだ。

ところがこの仙人の場合は特殊だった。身は山中に置いたまま鉢を空のまま里まで飛ばし、お供え物が入るとまた飛んで手元へ帰らせる。ゆえに、〝空鉢の仙人〟との別名もある。

法華山から南方へ、海へと至る高砂市には生石《おうしこ》神社があり、巨岩が水面に浮かぶかのような不思議な造形物を神体とする。石の宝殿とも呼ばれる、おそらく日本人の自然崇拝が生んだ土着の神だ。その神社ですらも、仙人の鉢が飛んで来たら供え物をしたという。

むろん不信心者の話も伝わっている。沖を行く船に鉢が飛んで行ったとき、積荷の米が税であるのを理由に船頭はお供えを拒んだのだ。鉢は空のまま飛び去ったものの、その後を追うように積荷の米俵が次々と飛んで行く。血相変えて船頭は追いかけ、法華山まで来て悔い改めた。おかげで米は船に返されるが、その時一俵だけ落ちた村には、米が堕ちたことから米堕村（現在の米田町）と名前がついたのだとか。

おそらく民衆に仏教を広めるための説話であろう。だがこの噂は都にまで届き、仙人は病気の孝徳天皇に呼ばれて快癒にみちびく。その法力に感服した天皇が、仙人の根拠地法華山に作らせたのが一乗寺《いちじょうじ》の始まりである。

山の傾斜のままに築かれた堂宇は、こんな山の中に、と驚くほどに壮麗で、とりわけ、本殿から見下ろすことのできる国宝の三重塔の屋根は、四季折々、木々の梢の葉の色に溺れるように優雅に見える。西国三十三所巡礼の札所としても有名なこの寺の本堂からは、天気のいい日は遠く淡路島あたりまでが望め、仙人の見たものをなぞれるのだ。

●人はなぜに山の高みへ上るのか

孝徳天皇の時代にはすでに中国や朝鮮からは多くの渡来僧が来日しており、「和上」や「上人」といった呼称もあっただろうに、法道仙人がそうした僧侶らしい呼び方ではなく、「仙人」であり続けたのはなぜだろうか。

実はこの人には、開基《かいき》となった寺だけでなく、播磨に点在する不可思議な自然物も、ゆかりの遺跡として伝わっている。大蛇のようにうねった幹を持つ松は仙人が投げたとされて「投げ松」、巨大な岩に刻まれたような放射状のへこみは「仙人の手形」という具合。

一乗寺の三重塔

想像するに、たしかに法道仙人はふしぎな力を持っていたのだろう。明かしてしまえばそれは単に、星の運行を見たり薬草の知識であったりと、先進の地で学んだ知識や長い歳月から得た経験であったかもしれない。無学で素朴な民人には、それが超能力にも等しく映ったのだろう。事実、当時の占いや加持祈祷がれっきとした医療であったことを突き合わせると、天皇の病を治した仙人の知識は、ひれ伏すほどの法力として受け止められたたに違いないのだ。
一方で、法道仙人は、厄除けの守護である牛頭天王《ごずてんのう》を初めて日本に知らしめた、とも言われている。仏教のほとけが日本で神となって現れる——すなわち、本地垂迹《ほんじすいじゃく》が行われた結果、この牛頭天王は同じ播磨姫路市の霊山広峰神社にまつられているが、さまざまな災厄を祓うための学問としての陰陽道《おんみょうどう》も、ここ播磨に深く根付くことになった。後世、平安の世に、安倍晴明《あべのせいめい》と対抗する芦屋道満《あしやどうまん》の一派を播磨が輩出するのも、歴史をたどればこの仙人に行き着くことになり、興味が尽きない。

何にせよ、民のために災厄を祓い、健康と不老長寿を祈る法道仙人は、あくまでも実効力を持つふしぎな〝仙人〟だった。肌や目の色、言葉も姿も自分たちとはあきらかに違う彼は、自分たちが努力すればなれるという存在ではありえず、ただただ雲の上の、別格の人であったのだ。

そしてよくよく注目すれば仙人は、もともとは寺ではなく山を開いた、とみるほうが正しいことに気付く。まず修行の場としての霊山が開かれ、そこに後世、寺が建立されたという順序だ。

神戸市にある摩耶山忉利天上寺《まやさんとうりてんじょうじ》もしかり。

大化二年(六四六)、孝徳天皇の勅願によるこの寺は、同じ法道仙人の開創だが、そもそも仙人は空からではなく、海からやってきたと伝わっている。実際、空からでなくとも沖からその山並みを眺められる六甲山系にあって、この山は定かに一個を切り取れる。

法道仙人からおよそ二百年。平安時代になって、空海によってこの山は変わる。遣唐使の旅から持ち帰った釈迦の聖母、摩耶夫人《ぶにん》尊像を安置したことで、山は摩耶山と名付けられるのだ。寺号もやはり、摩耶夫人が転生した忉利天を示すもの。空海は、海を見下ろすこの山に、仏母の居場所を見たのである。

ちなみに、仙人がどこをさすらい、どこで没したのかは明らかでない。ふたたび雲に乗ってインドに去ったとの言い伝えとともに、多くの山と寺院をいまに残して、彼は去った。

聖と俗とをきっかり山の高みをもって切り分けられた、天上にもっとも近い域。尾根にせりだす境内に立てば、伝説の仙人のまぼろしをかき消すように真正面で夕日が傾いていく。無数の船を浮かべた瀬戸内海が、西へ、インドの方角へ、茜色に染まって見えた。

摩耶山忉利天上寺の仏母摩耶夫人像
(作・長谷法壽／写真・室田康雄)

④ 国の鎮めの盧舎那仏《るしゃなぶつ》

——東大寺大仏殿の天子の使命と願いをみる

●歴史の入り口　大仏殿

覚えているだろうか。最初にその巨大な像を見上げた時のこと。

奈良の大仏さん、と親しげにさん付けで呼び、あたかも遠縁のすぐれた人でも語るごとく、誰もが敬意をもって想起するこの国の宝。小学校の遠足や家族そろった休日、あるいは教科書の写真だけでも、日本人ならどの人も、見上げるばかりの大仏様に、うわあ、と素直な驚嘆をもって出会った時があるはずだ。

子供の頃、私にも、初めて父親に連れられて来た日があった。それは自分の知らない過去からいまへ、時間が一列になって連なることを初めて教えられた日でもある。これは誰が作ったの？　いつからここにあるの？　そんな疑問がわきあがらないはずはなく、大人はどこかうれしげに教えてくれたものだった。

千三百年ちかく前、人間の肉体労働だけで造られたこと。その掌の指ですら、人の背丈ほどにもなるけたはずれのサイズであること。それを収めた大仏殿の優雅さに圧倒されつつ、子供は初めて、人間の力の偉大さを実感する。そして同時に、自分が生まれる前には膨大な時の流れがあり、歴史というものが積みかさなっていることを知らされるのだ。

言うなれば大仏様は、自分の生まれた日本という国の歴史を感じる最初の入り口かもしれない。広大な公園の内で弁当を広げ、自由に遊ぶ鹿たちにせんべいをあげるのはテーマパークに行ってできることと同じでも、歴史という名の力と誇りを受け継ぐのは、大仏様の前でしかかなわない。

むろん、想像を絶する規模の建造物、というだけならば世界のうちには他にもある。樹木に侵されてなお威容さびれぬアンコールワットの石の寺院や、砂に埋もれながらも無尽の神々の姿をとどめるエジプトの神殿など、巨大なものならいくつも見た。だがそれらはすべて「遺跡」と表されるように、とうに死に絶え、ただ形骸を残す過去の証にすぎない。どんなに偉大なものでも、死骸はどこか美しさとはかけ離れた空気に包まれている。

だが東大寺の大仏殿はそれらとはまったく違っている。遠い過去からの贈り物であるのは同じでも、現在時制をいまなお生きて無辺の者に救いとやすらぎを与える現在進行形の存在であり続ける。だからここには「遺跡」にあったあの空疎さはみじんもなく、池に映る雲は今日も晴れやかに流れていくし、したたる緑の中にのどかに出現しては脅かしていく鹿たちの瞳もすこぶる明るい。

いまふたたび、自分が大人になった分だけ時間を感じ、大人の心と目で訪ねてみる。

●人間・聖武の心の彷徨

遠くペルシャに至るはるかな道を行き交い、優雅な文化が花開いた天平時代。

当時の人が奈良のみやこをいま盛りなりと詠んだ歌が思い浮かんでくるように、東大寺大仏殿を前にすると、においたつばかりの高雅な時代というイメージがある。だが実際には、大仏様が建立された時世はいささか大変な政情不安を背景としていた。

時の天皇は聖武《しょうむ》天皇。天智系の流れに連なる血統にあり、皇后に初の臣下から、重臣藤原不比等《ふじわらのふひと》の娘・光明子《こうみょうし》が立ったのも、天皇家に揺るがぬ基盤が確立したからこそだろう。二人の間に生まれた待望の男児、基親王《もといしんのう》は、これまた異例に、赤児のまま皇太子として立ち、いずれ玉座に就く者とされた。

ところが、この皇太子は一歳にならぬまま早世する。親としての嘆きはもとより、この国の未来を託す者を失った天子としての聖武天皇の痛手は深い。

そこへ、皇位継承の可能性を持った有力な皇族、長屋王に謀反の疑いありとの変事が起きる。

さらに、疫病の蔓延は、終息のめどもたたない状況に陥っていた。

当時、大陸の諸王朝からは数多くの使者が訪れていたが、疫病はこれら海外から持ち込まれたものとみるべきだろう。遠来の使者と膝つき合わせて会談する機会もあった藤原氏の高官、不比等の息子ら四兄弟が、すべて、あっけなく疫病に倒れていくのだ。

そんな中、海外への出入り口である太宰府で藤原広嗣《ふじわらのひろつぐ》が反乱を起こしたことも衝撃を与えた。なにしろ彼は皇后の信頼も篤い、血のつながった甥なのだ。

人の力で鎮め治めることには限りがある。事態が自分の能力を超えた時、天皇は何に心の平安を求め、ふたたび現実に立ち向かう力を得ようとしたのだろうか。

東大寺盧舎那仏

それが仏であったと思い至ればあっけない気がしないでもない。歴史の教科書の中の権力者が、自分と変わらぬやわな一人の人間として、あまりに近しく感じられるからである。

人間・聖武天皇は、失ってなお親心の癒えぬ皇太子の菩提を弔うため、金光明寺を建てて祈っていた。だが、個人的な悲しみだけに浸っていられないのが玉座に坐す者の使命でもある。彼は公人として、天皇として、民にも心の平安を求めてたよれる場を与えようと、全国に国分寺、国分尼寺を建立する発願をする。大和では、先の、金光明寺が国分寺となった。この地を選ぶに当たっては宇佐八幡の神託を受け、その分社である奈良の手向山《たむけやま》八幡宮の神域が充てられた。仏をまつるについて神に訊《き》く、というのは、なにごとも人間の独断でなく、あらゆるものと融和しようと願う日本人らしいといえよう。

それでも、天皇の、心の彷徨は続く。この国をあらたに作り直すために造営を始めた都の工事が遅々として進まないのであった。

自分の至らなさか。仏のとがか。心のうめきは痛ましくもあったろう。そして聖武は知識寺で、盧舎那仏《るしゃなぶつ》に出会うのである。

一目見た時の、心の落ち着き、やすらかさ。慈悲深いまなざしとたたずまいの大仏は華厳経の中心仏であり、彼はその経典に天子としての使命を思い出す。自分個人が救われるだけではいけない。広く、あまねく、この国の民が下々まで、やすらかで満ち足りていなければ。それには、人の力を超えた、大きな力にすがるしかない。それが、仏の力であった。

こうして、盧舎那仏建立の詔《みことのり》が下される。

●大仏、かくして建立

「朕《ちん》が皇位を継承した時、すべてのものに慈しみをかけようと思い、人や生き物、万物を愛し、思いやってきた。その思いは伝わり、あちこちに憐れみやいたわりの心が満ちてきている。だがまだ国中には行き渡らず、不安なことばかりだ。朕は、仏法の力によって万物が心安らかに過ごせる世を作りたいのだ。それを実現させるため、盧舎那仏を造りたい」

『続日本紀《しょくにほんぎ》』に記された大仏発願の詔《みことのり》を現代文に抄訳すればそういう文意になる。そこには、国を統治する天皇としてのあり方と使命に悩み苦しみ、一つの結論に到達した聖武の、決意が熱く感じられる。

詔は、さらに語る。

国中の銅をすべて使い、像を造り、山を削って堂を建てるが、自分が持っている金や権力を使えば簡単にできる事業であろう。だがそれでは仏のかたちしかできず、心は籠もらない。だからこそ、皆のための大仏、この国のための大仏として魂を込めるため、皆に協力してほしいのだ。一本の草、ひとつかみの土でいい、皆が自発的に参加することで盧舎那仏は完成できるであろう、と。

この詔によって、大仏建立はそれまでの寺院とは違う特異な事業になった。造寺司《ぞうじし》という役所も設けられているのだから官による公共事業であったことに間違いないが、広く民に協力を呼びかけたところに独自性がある。

皆が暮らしやすい地域を造る事業にはどうしても金もかかる、人もいる。税を使った官の力にたよっているだけではどうにも進まぬこともあるのは、近年、大震災など甚大な被害を被った経験からもよくわかる。そんな時こそ「ボランティア」の出番だが、欧米から教わったとされるこの概念、なんのなんの日本では、欧米諸国がまだいまのような形をなさない八世紀にはもう定着していた。「勧進《かんじん》」といって、仏のために寄付を募って回ることがそれである。

大仏建立にあたって、人々の篤志を集める役目を担って全国を巡る勧進の旅へ出発したのは、行基《ぎょうき》であった。

民間から「行基菩薩」ともあがめられるこの僧は、すでに各地で通行の利便性を上げるための橋を架けたり農耕の助けとなる溜め池を掘ったりと、民衆の先頭に立って社会事業をさかんに行い、広く心をつかんでいた。

彼に仏を説かれて共鳴すれば、金や米を出せる者たちは寄付し、何も出せない者はその身をもった労働をさしだす。協力したい志を表すかたちは何でもいい。後世、歌舞伎の『勧進帳』で、安宅《あたか》の関を突破するため弁慶が使う口実も、源平合戦で平家に焼かれた東大寺の修復が名目だった。ひろく万民がこころを合わせて大仏を築こうという詔は、後々までも不滅のメッセージとして、必ず民衆の力を仰いでいるのだ。

●開《ひら》かれた眼の裏側で

かくして、官、民、国の力を合わせたこの国初の事業が動いた。当時の推定人口の約半分にもあたる延べ人数を動員し、巨大な盧舎那仏は完成するのだ。それを覆う大仏殿は言うまでもなく世界最大の木造建築物であった。

むろん、工事は簡単に進んだわけではない。当初はその建造地も奈良ではなく恭仁京《くにきょう》であるなど、事業は変遷したし、材料不足、人手不足、天候による工事中断など、艱難はさまざまあった。だが大仏全体を塗り尽くすには不足していた黄金が東北で発見されるなどの慶事もあって、大仏の鋳造はみごと完了する。

そうして天平勝宝四年（七五二）、すでに譲位し太上天皇となっていた聖武以下、一万人の前で開眼供養が執《と》り行われた。それは想像するだに空前絶後、壮麗このうえもない儀式であったろう。『続日本紀』にはこうある。

行基菩薩像

「仏法、東帰してより斎会の儀、いまだかつてこのごとくの盛なることあらず」

国家のために救いの手をさしのべて完成した盧舎那仏。むろん、現在に至る時間の中では、不動のままに鎮座し続けたわけではない。大地震や戦災など、たびたびと大仏殿は炎上、焼け落ちる。そしてそのつど修復事業が行われ、勧進によって民の志が注ぎ込まれたことは先述の通りだ。日本史の教科書に出てくる南大門の筋肉隆々たる仁王像は、鎌倉期の修復で、仏師運慶《うんけい》、快慶《かいけい》が手がけたといわれるものになる。

穴くぐりをする筆者

人の力の結集に思いを馳せつつ大仏殿を一周すると、一本の柱に人だかりがある。根元の穴を懸命にくぐろうとする観光客が後を絶たずにいるのだ。それは大仏様の鼻と同じ大きさの穴で、くぐりぬければいいことがあるのだとか。では私も、と試みにくぐってみた。

大仏の完成時、眼孔には像の内側から目を入れ閉じるのだが、そうすると作業者の出口がない。そこで、とっさに鼻の穴から抜けて出たというのが、「目から鼻に抜ける」という諺《ことわざ》になり、機転の利く賢さを表すようになったとか。皆があやかりたいのも当然だろう。

ともあれ、大仏様の前に立てば、どんな人もちっぽけな存在にすぎない。だから素直に童心に帰って柱もくぐれる。幼くなること、無に近づくことは、すなわち、人の心を新しくする聖地の力に違いなさそうだ。

⑤ 西大寺
――女帝の夢のいざよいの跡

●東に東大寺あり、そして西には

東と西。それは日本の国土が東西に長い形状であるせいか、ざっくり二分する時よく用いられる一対の分類だ。東日本、西日本。東の横綱、西の横綱。東西戦。――などなど、対峙し向き合うことでそれぞれのありようが明瞭になり、そして、東西そろった時に、初めて全体をバランスよく感じたりもできる。

この感覚でいけば、昔、奈良の都に、国家鎮護の拠点としての大寺が築かれ、その名に「東」を冠した時、それなら西にも、と思いつく人はいただろう。どこまでも国の安寧《あんねい》と平和を願って都を構想する者ならば、東西のバランスがとれることは必要不可欠だったにちがいないのだ。

東の大寺とは、文字通り、大仏様を擁する東大寺だ。国家と民人の思いを一つにして造営された、天平時代を象徴する寺である。

これに対応すべく「西」の大寺、西大寺《さいだいじ》と名を挙げるからには、相当な広さ、相当な規模の寺でなければひきあわない。

実際、平城京からま西にあたるこの場所を選んで創建された奈良時代には、西大寺は三十一万平方メートルという広さを寺域としていたという。そしてその広大な空間に、いくつもの伽藍が軒を連ねていた。

『資財流記帳』によると、薬師金堂《こんどう》、弥勒金堂を中心伽藍とし、東には小塔院と食堂院《じきどういん》、反対側の西には正倉院と政所院《まんどころいん》。そして前方には東西二基の五重塔が優美な姿をそびやかすことになっている。さらにこれらを囲んで、東に四王院と東南角院《すみいん》が前後して建ち、同じく西には十一面堂院と西南角院が建っていたというから、その全貌ははるか天上の街をイメージする壮大さだったことがうかがえる。

むろんこれら諸堂には多数の仏像が収められていた。薬師金堂に安置されていたのは、薬師三尊像をはじめとする二十一体。弥勒金堂には七十七体。それぞれ無数の銅鏡で装《よそお》われていたというから、ここは地上に再現された一つの浄土であったにちがいない。

南都七大寺の一つに数えられる大寺院として名をとどろかせたように、名実ともに、東の東大寺と対等に立地し「西」の鎮めを公言した王者の寺。頭の中に図面を広げ、西なる大寺を訪ねて行こう。

● まぼろしの八重の塔

日だまりとともにまるで時間が滞っているように静かな境内。聖と俗との結界をくぐり、足を踏み入れていくと、甍《いらか》の裾を優美なラインで広げる本堂が迎えてくれる。

長い歴史の流れの中で、度重なる火災や政情の変遷により、往時の規模や姿をすっかり失ってしまった西大寺がそこにある。三十一町あったという広大な寺域は、いまでは住宅が建ち並ぶ市街地となり、多くの伽藍はその地下に埋もれてしまって見る影もない。

どこにどの堂宇があったのか、敷地そのものがすっかり変貌した現在ではつかみかねるが、まず目に入る本堂前の空間に、吸い寄せられるように近づいてみた。そこには大きな円形の石がいくつも点在している。先人が残していった謎の石。まるで歴史の置き手紙のようで、ひととき、いったいそれは何だろうと想像する楽しみを与えてくれる。

真ん中にある大きな一個の石を中心に、左右対称に列をなしている様子から察すると、この上に柱を立て、屋根を葺《ふ》き、何らかの建物があったことは明白だ。だが聞けば、それらの上に建物が姿を現す前に建築計画は頓挫したのだという。それでも撤去されることなく礎石だけが残ったのは、いずれ条件が整えば工事を再開しようという意志の表れなのか。

石の上に築かれようとしていたのは東西一対ある塔のうちの片方だという。礎石の数、配置、面積から察すると、どうもそれは一般的な五重塔でなく、他には例を見ない大きなものであったらしい。形状は八角形。高さも、それまでにない高さを望んだであろう、ならばおそらく屋根も八層か。

想像すれば痛快になってくる。他に前例のない塔がここに築かれようとしていたことを、礎石はもの言わず語っているのである。

となると、工法技術も、それまでにないものが必要とされたであろう。資材といい労働者といい、莫大な経費が求められたことになる。あるいは頓挫したのはそれが原因か？　だとしたら、みすみすここまで着手しながら、完成に至らなかったことはどれだけ無念であったろう。そもそも西大寺を築いた人物にとっては、東の東大寺にある大仏様に匹敵すべき象徴として、天に達するこの塔こそを真に築きたかったのではなかったろうか。

いまはむなしく大きな礎石だけが並んで空を見上げる跡地に立てば、その人が見ようとした夢の奇跡、描こうとした理想の伽藍が浮かんでくる。天高くそびえる比類なき八重塔。それは、まさに創建者のプライドであり、意地でもあったはずなのだ。

きっとその人物も、ここに立って礎石の上を歩いただろう。いつの日にか姿を現すその塔を思い描きながら。その人——西大寺の創建を号令した人物は、実は一人の女性天皇なのだった。

●自立にめざめた女帝のめざす道

西大寺という名を眺めていると、ひたすら国の安定を願った、気宇壮大な統治者の姿が浮き彫りになる。

天平という絢爛《けんらん》たる時代を象徴する国家鎮護の東大寺を、それ一個では終わらせず、対の寺院を発想した天皇。女性であった、と知れば意外でもあるが、東大寺を築いた聖武天皇の娘であるとわかればうなずける気もする。偉大な父のそばにいて、たえずその思いを知ってきたからこそ、引き継ぐものはあまたあったのだろうと納得がいくからだ。

礎石の前で説明を受ける筆者（一番左）

母は朝廷の功臣藤原不比等《ふひと》の娘、光明皇后。弟は生まれながらに玉座を嗣《つ》ぐべく立太子された基親王《もといのみこ》だ。だが弟が早世した後、まだ阿部内親王と呼ばれていた二十一歳の彼女が我が国初の女性皇太子に立てられる。天武系と藤原氏の血統を守るために就く皇位であった。二度の遣唐使の旅を経て先進の文明を学び持ち帰った吉備真備《きびのまきび》を師とし、彼女は帝王学を身につけていく。孝謙天皇としての即位は七四九年、三十二歳の時だった。

病気がちな父聖武に代わって、若き女性天皇をささえたのは母の光明皇太后とその甥――彼女にとっては叔父にあたる藤原仲麻呂である。当初の彼女は、これら経験にたけた親族が執り行う政治を素直に眺めるだけの育ちのいい人形であり、次に座る男性天皇が育つまでの中継ぎの天皇というイメージだ。やがてその役目を終えて、母や叔父の言うまま、次の天皇淳仁《じゅんにん》に譲位したのは三十九歳。七年の治世は、特に可もなく不可もなく、穏やかな女帝時代として歴史に留まるはずだった。

ところが、母光明皇太后が没し、一人きりになったあたりから彼女のキャラが表に出てくる。真の自立が始まったのだ。

天涯孤独の身となり病床にあった彼女を、一人の僧が救った。看病禅師の道鏡《どうきょう》である。仏教の修行を積み呪法にもたけた彼は、みごとに信頼を勝ち取り、権力を増していく。元来向学心に富んだ彼女は、みちびきのまま仏門に入り、一心に学問を修める。それは家族もなく生きる目的も生まれてきた意味もなかった彼女にとっての救いの道であったろう。だが、彼女がただ人ではなく上皇という身分であったばかりに、道鏡ひとりに寄せられていく全面的な信頼と敬意は、いつか既存勢力のバランスを崩させてしまうのだ。

恵美押勝《えみのおしかつ》と名を改め朝廷の第一権力者として君臨していた叔父仲麻呂も、その傀儡《かいらい》であった淳仁天皇も、このにわかな変化に困惑した。彼らは道鏡を抑えるべきと機先を制するが、これが彼女をかえって刺激、淳仁を廃帝してまでも国の重要事項は自分が決めると宣言させることになる。もともと聖武の下で君子となるべく先進の教育を受けた帝王としての遺伝子が目覚めたともいえよう。天平宝字八年（七六四）、法華寺で出家した彼女は、重祚《ちょうそ》（一度退位した人物が再び皇位に就くこと）し称徳天皇として最前線に返り咲く。

こうして両者の溝は埋めがたいものとなり、ついに血で血を洗う乱が始まっていく。

少女の頃に長屋王の変、長じて藤原広嗣《ひろつぐ》の乱、父聖武が没した後に橘奈良麻呂の乱と、権力をめぐる陰謀と闘争とを見てきただけに、玉座に立つ者としての肝の太さは鍛え抜かれていたはずだ。戦いに臨んでは必勝を期し、乱の鎮圧と後の平和のために金銅四天王像を造立し発願する。それをまつる寺として建てられたのが西大寺というわけだった。

●いまを昔に西大寺

このときの四天王像四体はいまも西大寺四王堂に安置されている。もっとも、創建当時のものは各像が踏みつける足下の邪鬼だけで、像本体は後世に作られた。苦痛にゆがむ邪鬼の表情を見ていると、理想に燃えてこの国のために立った女帝が、超えようとしていた悪や汚れ、不正のかたちが見える気がする。

不幸にしてこの後、道鏡をさらに重用し玉座に着けようとまでした彼女は、国を乱した女帝としての汚名を着たまま歴史に消える。

生涯未婚であることを運命づけられた女性天皇。だが国を鎮め、よき方向へ統《す》べていこうとする理想は周辺のどの男性皇族よりも高邁だった。なのに、女性であるばかりに、男性の臣下を重く用いるとスキャンダラスに語り継がれていまに至る。けれども西大寺のこの広大な塔の跡地で礎石を見れば、彼女が見上げ、向かおうとした理想の浄土がわかる気がしないか。それはおそらく、父聖武がめざした先の、はるかに清らかで安定した日本という国家であっただろう、と。

万葉集には、遣唐使として海を渡る臣下に届けた長歌が残っている。

そらみつ　大和の国は　水の上《へ》は　地《つち》ゆくごとく　船の上《へ》は　床《とこ》に居るごと　大神の　鎮《いは》へる国ぞ
四つの船　船の舳《へ》先並べ　平らけく　早渡り来て　返り言《こと》　奏《まを》さむ日に　相飲まむ酒《き》ぞ　この豊御酒《とよみき》

自分の治める国にゆるぎない誇りと自信を持ち、早く無事に帰ってともに酒を酌み交わそうと励ます天皇。そこには歴代どの天皇にも劣らぬ君子としての姿が見える。その志の出発点は、ここ西大寺にあったのだ。

歴史とともに衰え荒れた西大寺だが、鎌倉時代には興正菩薩叡尊《えいそん》（一二〇一～九〇）が中興の祖として現れる。九十歳の長寿を全うした彼は、五十年以上この寺にあって復興につとめた。現存する仏像、工芸品などにはこの時代に制作されたものが多い。また、季節の風物詩としてニュースで報道される大茶盛は毎年一月、四月、十月に行われるが、直径三十センチ以上、重さ六～七キロの大茶碗と長さ三十五センチの茶筅《ちゃせん》でお茶を点《た》て、参拝客にふるまうというもの。叡尊が西大寺の鎮守八幡宮に茶を奉納し、お下がりの茶を参詣人にふるまったのが起源という。

孝謙・称徳天皇がこの地に西大寺を創建した時、祈ったはずのもとの地主の神をまつった鳥居はいまはない。だが、新しく興す者も、荒れはてたものを蘇らせる者も、みな、もとある神を尊重し、仏とともに祈ったことは疑いもない。さまざまな自然災害や経済の不透明感など、時代は変わっても、先の見えない日本の世情。鎮めるための高らかな塔を築こうという志は、いま、あるのだろうか。そんなことを思わせる古刹の旅だ。

⑥ 青岸渡寺～那智大社

――こころ洗う源流の旅

●我の前に道はなし　山だけがそこにある

自分が行く眼前に道はなく、一面の荒野が広がるのみ。しかし自分が歩いた後にはささやかながら一本のたしかな道は出来る。――そんな風景をみずみずしい詩に書いた高村光太郎ではないけれど、道というのは人が歩いてこそ地上に現れ出る一条の線だ、と思い至る時はある。それは古来、長い長い星霜の下、人が歩いて刻んだ道を行く時だ。

熊野古道――本州最南端、紀伊半島に位置する聖地へと至るその峻険な道を、最初に歩いた男は、きっと自分の足跡が作る一本の道が、ここまで歴史に刻まれることになるとは考えもしなかったろう。

しかし彼は歩いた。その眼前に、霊気をまとってそびえる山岳があり、とどろき落ちるひとすじの滝が、彼を招いていたからだ。

神聖なもの、気高いものをめざしてひたすら進み行くのは、人間の本能の中でももっともピュアな原動力だろう。そしてこの地の山々は、そうした多くの日本人を引き寄せ、歩かせ、そこに道を刻ませてきた。

そのありさまを、南紀を生涯の拠点とした知の巨人、南方熊楠《みなかたくまぐす》はこう述べている。

「熊野参り繁昌し、王公已下《いか》道者の往来絶えず、したがって蟻《あり》が一道を行きてやまざるを熊野参りに比したとあり。いまも南紀の小児、蟻を見れば『蟻もダンナもよってこい、熊野参りにしょうら』と唱うるは、昔熊野参り引きも切らざりし事、蟻群の行列際限を見ざるようだった。」

蟻が餌を運んで巣へと一列になって往来する様子にたとえ、世に「蟻の熊野詣」と称されるほど大勢の人々が列をなし歩いたさまがうかがえる。

そして近年になって注目ふたたび。熊野古道が一躍親しみのある観光スポットになったのは、二〇〇四年、ユネスコの世界文化遺産に「紀伊山地の霊場と参詣道」の一部として登録されたことが大きい。

その名称にあるとおり、この古道がそれだけ多くの人に歩かれ続けて来た理由とは、ここが参詣道であったから。その眼前に、心を洗い人生を清める、あらたかな霊場があったからにほかならない。

そもそも熊野詣とは、熊野にある三つの神社、本宮・新宮・那智——熊野三山を参詣することをさす。昔、人々は生きながら浄土に生まれ変わることを祈りながら、この道を詣でたのだ。

むろん現代は、心の修養や信仰などとは関係なしに、観光はもちろん森林浴やハイキングなど、思い思いの動機で、人々が歩く。車で山上まで行ける便利なご時世ゆえに蟻の行列にはならずにすむが、バス道からすぐそばにある「大門坂」からは杉の大木が並びそびえる石段の古道を歩いて当時の雰囲気を味わえる。茶屋からは平安時代の姫君装束で宮に向かえるというお楽しみも人気のようだ。

この道の行き着くところ——聖なる那智をめざし、私も歩いてみることにした。

●すべては輝く滝から始まった

参道の長い石段を登り切ると、右に青岸渡寺《せいがんとじ》、左に朱の大鳥居をあおぎ、那智大社の境内が待っている。

同じ場所に同じ高さで並んでいるため、神社と寺とが別々であることを認識するのが難しい。それほど、日本人の「神仏習合」を実際的に示してみせる場所であるといってもよいだろう。熊野詣、と一言に言われた賑わいも、きっと人々は神と仏の区別なく、熊野という神聖な地に宿るありがたい存在を拝むために歩いたのだ。

それを証明するかのように、神社の軒と、寺の軒はまったく同じ高さで建てられている。几帳面で精密を好む日本人らしさの発露とも言えるが、驚いたことに、その軒の高さは那智の滝の落ち口とも高さを同じくする。滝という大自然の造形と、社寺という人間による造形と。その始まりにおいて、神も仏も大自然も同じ並びであることを象徴し、そこになんとか関わりたいと願う小さき人間たちの努力の跡がいとおしくすらある。

　熊野を敬い尊ぶ信仰が都の貴人の間に広まったのは平安時代中期以降のことになる。その最初は一〇九〇年の白河上皇の熊野行幸だ。牛車を降り輿《こし》を降り、みずからの足でお歩きになる石の道は、御殿で暮らす高貴な身にはさぞ厳しいものであったろうに、上皇はなんと九回もこの道を行き、熊野行幸を行われた。それに続くようにして都の皇族や貴族らが熊野詣を行うことになるが、後白河上皇にいたっては三十三回もの熊野行幸を行っているから、その熱意も推し量れるというものだ。

　むろん、社寺はこの場所にそれ以前からあったわけだが、寺についても神社についても創建の時期は鮮明でない。ただ伝承として、四世紀頃、仁徳天皇の時代に天竺から訪れた裸形上人が開基とされる。

「那智川の河口、海からは、滝が見えるんです。白く光って、はっきり滝とわかります」

　副住職の高木亮英さんに聞いた話だ。

右に青岸渡寺、左に那智大社

なにしろ山を駆け落ちる水の落差は百三十三メートル。名実ともに日本一の滝である。裸形上人は、海からまっすぐ滝をめざして上陸し、ここを修行の場と決めたのであろう。前に道なき荒野を歩いて古道を造った、最初の男というべきか。そして滝壺で祈る上人のもとに金製の如意輪観音が出現し、それを本尊として安置したのが寺の始まりになる。

後に推古天皇の勅願寺となり、七世紀にはその観音像を胎内に収めた高さ六丈もの仏像を本尊として伽藍が建立される。伝承とはいえ、那智の滝があって初めて始まる物語。偉大な自然を畏れ敬い、清め流す水の力を神仏と見て、わずかでもあやかるためにみずからを鍛える修験道場として早くから開けていたことは間違いない。

平安時代の後期には末法思想——いわゆる釈迦の教えが及ばなくなる時が到来し、仏法が正しく行われなくなる、という考えが信じられていたため、人々は幸せな来世に生まれ変わる浄土信仰に傾いていく。そんな中で、熊野三山の神々も変容を遂げる。それぞれの神が実は仏教の仏を本体とし、日本で仮の姿で現れたもの、とする本地垂迹《ほんじすいじゃく》説の浸透だ。つまり、本宮の主神である家都美御子神《けつみみこのかみ》は阿弥陀如来が本体。新宮の速玉神《はやたまのかみ》は薬師如来。そして那智の牟須美神《ふすみのかみ》は千手観音が本体＝本地なのだという「権現《ごんげん》」の発想である。日本人は土着の神々を、遠い異国からきた仏たちとみごとに融合し、熊野権現を成立させてしまうのである。

とりわけ那智がおもしろいのは、後世の『紀伊続風土記』に書かれているように、本来なら神社にあるべき禰宜《ねぎ》や神主が存在せず、全員が社僧という修験者達であったことだ。まさに、典型的な神仏混淆《こんこう》といえよう。

第一殿から第五殿まで、熊野造といわれる檜皮葺きの切妻造妻入《きりづまづくりつまい》りの並びが美しい那智大社。熊野の神々の使いとされる三本の足を持つ八咫烏《やたがらす》でも知られるが、二〇一一年の台風による土砂災害で全壊の被害を受けたことはニュースで見ても痛々しかった。むろん、急ぎ、参拝に支障がないよう復旧はなされたものの、世界に誇る文化財としての修復はまだ今後が待たれている。朱く優美な社殿の前で、かつて僧らが祝詞やお経を矛盾することなく上げる姿が見られたことは、想像すれば興味が尽きない。

●まぼろしの四十八滝とよみがえる滝行

豊富な雨量、ゆたかな森。自然の恵みゆたかな熊野が聖地であるとされる理由はほかにもある。熊野三社のうち、阿弥陀如来をまつる本宮は西方極楽浄土。薬師如来のいます新宮は東方浄瑠璃浄土。そして那智は観音の地で、南方補陀落《ふだらく》浄土の地を意味している。したがって熊野全体が浄土の地であり、生きているうちに巡り行くべき聖なる地とみなされたのだ。

修験道では、山伏によって、那智と吉野大峰を結ぶ山中に入り霊場を巡る奥駆けという行がある。また、那智山から下った那智浜にある補陀洛山寺は、補陀落渡海という行の拠点であった。

行者は生きながら小さな箱舟に押し込められ、外には出られぬように釘を打たれて太平洋へこぎ出すというもの。想像を絶する過酷な行であったことがしのばれる。

そして熊野修験では、寒さ厳しい冬を選んで那智の山中に散らばる四十八の滝を巡拝する「那智四十八滝回峰行」という行があった。明治期にいったん途絶えたこの行を、現代に復活させたのが高木亮英さんだ。生まれた時から那智の空気や水とともにあり、山を遊び場として育ったこの人にとって、誰も知る人はなく教えてくれる人とてない幻の滝を、歴史に埋もれようとする水際からみつけ出すのは当然の使命であったようだ。古い絵図などから滝の位置を特定していき、すべてを探し出して、一九九二年、みごと滝行を復活させた。

それは修行を積んだ者だけに許されるもので、素人には危険ですらあり興味半分に試みるようなものではない。何度も行ってきた高木さんによれば、水温五度の滝つぼに身を沈めるのはさすがに痛みを感じるほどであり、お経を唱え水から上がった時には気を失いそうな時もあるという。だが冷たさに感覚がなくなってしまうと、自分までが透けて消滅してしまい、水が体を通り抜けて、そこここにある神仏と一体になる感覚が訪れるという。それが心の平安、何事にも動じない悟りというものなのだろうか。

特別にその現場となる滝へ案内していただけることになり、高木さんの背中を追うようにして山に入る。

一の滝の上流へと踏み込んでいくと、そこはもう人の手つかずの大自然が広がる世界であった。とりわけ私が出向いた当時は、前年秋の台風の爪痕がなまなましく、激しい被害の様子が目を奪う。大出水は、一の滝の落ち口に張られた注連縄《しめなわ》を超える水量となって下流を襲ったが、滝の上では、文字通り、自然が奔放に暴れ回った、想像を絶するばかりの光景があった。見上げるばかりの高さの木々に引っかかり散乱する流木。樹齢数百年というような大木がなぎ倒され、人間三人がかりで抱え込むほどの巨大な石が押し流されて渓流の中瀬にとどまっている。なのにいまは、森は静謐《せいひつ》の中に沈黙し、渓流は優しいだけのせせらぎとなって一心に流れ下る。

山伏姿の高木師

「いまはこんなありさまですが、やがて落ち着き、なじんでいきます。自然というのはそういうもの。前とおんなじ風景はない。これこそ色即是空の風景でしょう」

　高木さんの言葉に目を閉じると、いまこうしている間にも生きて動いていく自然の息吹が静寂の中に聞こえる気がした。やがて流木は朽ち、倒された木にはそれを母樹として若木が宿り、緑がすべてを癒やしてあらたな世界を再構築する。それこそが生々流転。生きとし生きるものたちの営みであり、流れ続ける水のごとき無常の始まりなのである。

それにしても、草鞋に金剛杖の山伏装束に身を包んだ高木さん、その足取りの軽やかなこと。道なき道を迷わず進み、渓流の石を飛ぶように越え、険しく上下する崖を苦もなく行く。那智の天狗というのはこの人のことか。

「六根清浄《ろっこんしょうじょう》、懺悔《さんげ》、懺悔《さんげ》……」

息も乱さぬその声が、高らかに森にこだます。こっちはついていくのもせいいっぱい、呼吸も乱れ、あちこちで尻餅をつき、疲れて足も上がらぬありさまなのに。

それでも、修行などとはほど遠い非力なこの身にも、那智の大自然とどこかでつながり一体となる高揚感が感じられる。これがおそらく、最初にこの道へと踏み入った者たちも感じた、目には見えない神仏の存在感なのだろう。いま、私の前には那智があり、私の後にも道はできた。

途上、「二の滝」の上では、小さな石櫃がある場所へと案内された。花山上皇行在所《あんざいしょ》。権力闘争に敗れ出家した上皇が、千日も籠もって修行をした場所だ。

木の下をすみかとすればおのづから
花見る人になりぬべきかな

滝音のとどろくこんな山深い地で、上皇はどんな思いで浮き世のむなしさを思われただろう。そして救いはあったのか。答えは、山を下りた上皇が、西国三十三番の観音巡りを復活させ、那智をその一番札所にしてみずから北へ上がる巡礼の旅に出られた事実が語り尽くしている。この山が癒やし与えたあらたな命の力は、俗世にあっても揺るがないのだ。

●ひきはがされた神と仏のその後に

修験道の発達に伴い、三山の御師《おし》と先達による組織づくりが盛んとなって、熊野は大きな勢力を張ったようだ。参拝するにも宿泊するにも御師の案内なしにはたちゆかなかったし、その便宜のほどは、参詣者を通じてさらに全国に広まっていたからである。

しかし、明治元年に布告された神仏分離令によって神仏習合が廃されたとき、仏と一体になった権現はもとの神へともどされて、修験道も禁止された。三山のうちの他の二社、熊野本宮大社と熊野速玉大社では仏堂はすべて壊され、うち捨てられる。しかし熊野那智大社では如意輪堂のみが破壊の手を逃れた。裸形上人の開祖の由来を思い起こせば、堂宇のすべてを破壊すれば歴史も失せることになるのがかろうじて意識の端に残ったものか。かつて那智執行に代表される社家や那智一山の造営・修造を担う拠点であった如意輪堂は、その勢力のほとんどをもぎとられ、信者の手により青岸渡寺《せいがんとじ》として復興するのである。

飛瀧神社に参拝する筆者

先述の南方熊楠は、日本人が長い歴史の中で守ってきた土着の信仰や習俗が壊されていく蛮行を憂い、鎮守の森として大切にされてきた聖域である神社林が伐採されて固有の生態系が破壊されてしまうことを嘆いた。そして明治四十年から神社合祀反対運動を起こすのであるが、自然保護運動の先駆けとして評価の高い彼のエコロジー思想は、那智熊野の雄大な自然を人があがめ調和してきたさまを誰より知るゆえにこそ培われたものだろう。熊野古道がいまに残り世界遺産となったのもその思想あってこそと言えるかもしれない。

最後に、飛瀧神社に参って帰る。滝本体を神とする神社である。鳥居の奥にはただ雄々しい滝が落ちるのみ。だが参道ぞいのお堂の中をそっと覗くと、暗がりの中にどなたか鎮座する像がある。よくよく見れば、どうやら役行者《えんのぎょうじゃ》であるらしい。いまだ神と仏が一緒に座する那智の現実がそこにあった。

いかに政治の力で分離しようが、言葉の概念で区別しようが、自然はあまりに大きく、神仏はあまりに深い。人が心に求める信仰の道に、人の手により境界線など引けないことを語っている気がして、手を合わせた。

⑦ 石上神宮〜興福寺
——剣から仏へ。祈りの道の行き着くところ

●山辺の道を北上す

天理には初めて来た。

JR桜井線と近鉄天理線とが直角に出会い、駅舎を並べる天理駅。その駅前はどこの駅前とも違って見える。

天理教の文字入りの法被《はっぴ》を着た人が行き交うと思えば学生の集団もあり、また中高年のハイカーの姿もある。駅名どおり、天理教の本部があるのだから門前町という範疇《はんちゅう》に入るのだろうし、天理大学を擁する学園都市とも呼べる。さらに、関係する人々が暮らす住宅都市とも言えるだろう。同時に歴史ある風光明媚な観光地であることもなおざりにはできない。いずれにせよ、過去の遺物の街ではなく、現在時制でここに集まる生命力が、乱雑でなく騒がしくなく、清潔で秩序をもった空気で交差する。そんな第一印象を受ける駅前だ。

天理教は、幕末、中山みきを教祖《おやさま》として成立した新宗教で、もともとの家があったこのあたり――小さな農村だった大和国山辺郡の庄屋敷村は、教団が拡大するにつれさまざまな施設が建てられ、信者も多く住みつき、天理教信者の街として発展した結果、戦後、ついに教団の名前が都市名になるに至ったのだ。

おそらく、そうなるまで安易でなかった沿革の時に思いを馳せると、二つの駅舎に上がるその名がひとしお重い。天理教では立教の地をお地場《じば》といって、信者がここに巡礼にくるのを人類の発祥地へ帰ってきたとみなし、「おかえりなさい」と迎えるという。しかし信者でなくとも、ここが天理市という名になるよりずっと前からあった歴史をしのべば、なにやら懐かしい気分になり、「おかえりなさい」になんら抵抗もなくなっている。

それというのも古代には、奈良からここを通って桜井まで、史実に登場する最初の道が通っていた。「山辺の道《やまのべ》」だ。

奈良盆地の東側に連なる山々の裾に沿って、まさしく山の辺を南北に走る道であり、天理はちょうど半分の地点に当たる。ハイカー姿が多く見られるのも当然で、付近に点在する古墳や古社寺を訪ねて歩く歴史ウオークのハイキングコースとしても人気が高い。

駅を基点に、私も山辺の道を歩くことにした。起点は石上神宮《いそのかみじんぐう》。南へ、三輪、桜井へと向かう道は万葉時代をしのぶ見どころとともに整備されているが、今回は北へ、奈良へと向かう進路を択《と》る。

古代のみやこを往来する日本人にとっての聖地の空気を、歩く速さでたどろうと思う。

●七つの枝を持つ宝剣

山辺の道は、ゆるやかな上り下りがそのまま残る風光明媚な道である。天理の駅前からは商店街を通り抜け、左に威容を誇る天理教本部、右手に朱色を効かせた天理大学の学舎の並びを眺めながら、山に向かって東へ進む。つきあたりの山裾は、古代、山辺郡石上郷と呼ばれた山の布留《ふる》の森で、そこに、日本でもっとも古い神社の一つ、石上神宮が鎮座している。古い記述では石上振神宮という別な呼び名も合わせ、『古事記』や『日本書紀』にも登場する。「ふる」という響きのとおり、伊勢神宮と並ぶ日本最古設立の「神宮」として、その由緒の古さ、格式の高さをしのばせる。

もっとも、この神宮の由緒を知らない人でも、学生時代の退屈な日本史の授業の中でロマンをかきたてられたものに、「七支の太刀《ななさやのたち》」の記憶はないだろうか。

全長約八十センチ、刀身約六十五センチの鉄製の刀で、左右に三本ずつの枝刃を交互に出し、幹と合わせて合計七つ、木の枝のような形をしたふしぎな姿の剣である。

六叉《ろくさ》の鉾《ほこ》として神社に伝わってはいたものの、なんと千年もの間、その存在はすっかり忘れ去られていたという。明治になって、宮司が伝承を確かめるべく、聖地とされてきた禁足地を掘ってみると、腐食の進んだ鉄剣が出土した。そして刀身の表と裏に、金象眼で刻まれた銘文があるのを発見したのである。

その六十一文字は「泰（和）四年（三六九）五月十（六）日丙午正陽」と始まり、この剣が四世紀後半に百済《くだら》で作られたことを示していた。腐食により何文字か欠けてはいるものの、百済王世子が倭王に贈った宝刀であることが判読されている。

現在のテクノロジーをもってしても、これほどバランスよく均等に作り上げることは難しいというこの剣。名実ともにアジアの宝剣であるのはまちがいなく、「日本書紀」にも、神功皇后の条にそれらしき記述がある。

気になるのはこの剣が、献上されたのか、下賜されたのかという点だ。つまり、百済王から日本の王へ、さしあげたのか、くれてやったたか、その取り方により、百済と日本の国際関係が違ってくる。実はいまだ議論が分かれているが、決定的な裏付けがない分、我々シロウトも割り込めるのが古代史のおもしろいところといえよう。当時の百済は勢力が高まり、三七一年には平壌に侵入して高句麗《こうくり》の故国原王《ここくげん》を戦死させるほどだった。半島統一へ意気盛んな百済王にとって、背後を備えるための同盟の証に、この剣を倭へ贈ったもの——私はそう解釈したいが、さて、専門家の先生方の考えはいかに。

いまも昔も宝剣としての価値は不変のこの剣、もちろん国宝とされ、公開はされておらず、いまも神社の奥深くにしまい込まれている。

もっとも、これほど名高い剣ではあるが、石上神宮の御神体ではない、といえば意外な気がすることだろう。剣は、神が宿る聖なる依り代であり、祭祀において用いられてきた道具にすぎないというわけだ。なるほど、その形からして、切るという実用のために作られたものでないのは一目瞭然なのであるが。

社伝によれば、この剣は韴霊《ふつのみたま》、布都御魂剣《ふつのみたまのつるぎ》といい、武甕槌神《たけみかづちのかみ》が葦原中国《あしはらのなかつくに》平定の時に用いたもので、神剣に宿る霊威そのものを布都《ふつ》（留《るの》）御魂大神《みたまのおおかみ》とする。つまり、ご神体はあくまでも「ふつのみたま」、「ふるのみたま」というかたちのない存在なのである。そのため、長くこの神社には拝殿がなく、御霊が鎮まる聖地として禁足地だけが崇められてきた。

石上神宮参道にたつ大鳥居

そもそも韴霊の宿った剣は、神武東征の折、熊野で神武天皇がピンチに立った時、夢に天照大神や建御雷神《たけみかづちのみこと》が現れ、じきじきに下されたものだという。またその御霊は、素戔嗚《すさのお》尊《みこと》が出雲国で八岐大蛇《やまたのおろち》を退治するのに用いた天十握剣《あめのとつかのつるぎ》にも宿ったらしい。大蛇の尾からは草薙剣が出てきて神器となるが、尾を切り落とした方の剣に宿ったのがこちらの御霊というわけだ。まさに、神話、伝説の世界でいきいき活躍したばかりか、いまも実際にかたちを現存させる剣なのである。

剣はその後、崇神天皇の時代に勅命を受け、物部氏が現在の地に剣を遷し、「石上大神」として祀っていくことになる。

●剣への祈り　みほとけへの祈り

物部氏といえば古代軍事氏族として知られる豪族だ。ゆえに、ここ石上神宮は、大和政権の武器庫としての役割も果たしてきたと考えられている。

とすると、この山辺の道は――。歩みを止めて考えてみた。

道というのは、点と点とを結んで生まれる連なりであり、日々の生活の経済活動で往来しているうちに必然的に踏み固められできていった線だといえる。飛鳥地方と平城京を結んでできた古代の幹線道路、というのが定説だが、もとになった部分はもっと古く、邪馬台国があったと言われる纒向《まきむく》から、ここ石上神宮を結ぶ動線を基盤に延伸《のび》ていったもの、とみるのが妥当なようだ。

邪馬台国以降、各地に群居する豪族が小国を建てては争い、征服しては拡大する、そんな歴史の連続だった。歴史の教科書で「大和朝廷の統一」と一言で出てくる事象の前後には、それら豪族を従え平定するために数々の戦がくりひろげられたに違いなく、この土の上ではおびただしい数の人の血が流されたことだろう。

そして戦といえば必要になる武器や兵を司る物部氏の氏神が、この道の途上、山辺にあったという事実は重い。彼らの祈りは、戦いへの勝利、勇ましく闘うことと、無事の生還に尽きただろう。神々は、剣に宿って彼らを守り導く、光を放つ存在だった。とすれば、剣を収めたこの神社は、古代の武器庫といってもよく、いまはのどかなこの道も、軍用道路であったことになる。

むろん、すべてはつわものどもの夢の跡。武力による終わりなき戦いの時代は、やがて慈悲や調和を説く外来の思想、仏教によって幕を閉じる。日本史に残る宗教戦争ともいえる蘇我氏との神仏論争。その戦いに敗れたのち、物部氏は歴史の表舞台から消える。石上神宮も古道のほとりの静謐《せいひつ》の中に、過去のものとなっていくのだ。むろん勝利と武勇を祈った剣は地中深く眠り、神々だけが、人の暮らしの中に息吹き続ける。

●阿修羅像がおしえてくれたこと

石上神宮を後にして、ゆるいアップダウンの山辺の道を、北へと向かう。むろん、並行して走るバスを利用しながら楽に行こう。目的は奈良。赤い鳥居の春日大社、大仏殿をそびやかす東大寺など、世界遺産となった古都奈良は、日本人の誇れる至宝が集まるテーマパークとも言える地だ。

もっとも、都が平安京に移ってからは奈良は衰退の一途をたどり、二〇一〇年遷都千三百年を祝うイベントが催された大極殿跡地など、長く荒れたまま放置され、明治の初めには近隣の住民の畑地になっていたほどだ。

にもかかわらず、一方で、中世、近世と変わることなく絶大な勢力を誇り、都のあるなしにかかわらず南都としての存在感を示し、発信力を持ち続ける核となったのが興福寺だ。多くの権力者たちが帰依し保護し思いを寄せて守ってきた結果である。その財力と権勢により、ここに国宝の建物、持仏が集中したのは当然のことだろう。

実際、現代人にとっては、あの阿修羅像がある寺、と言ったほうがわかりやすいかもしれない。三つの顔と六本の手。いわゆる三面六臂の怒れる像でありながら、おだやかな少年のようなおもざしのその国宝が空前の大ブレイクとなったことはまだ記憶に新しいはずだ。かく言う私も、二時間も行列に並んで拝観した一人である。

あれを奇妙な現象とみる社会学者もいたようだ。しかし、時代背景や美術評などわからなくても、多くの人が無条件に胸をうたれ、心を洗われ、阿修羅の前を離れられなくなっていた。それはたしかな事実だった。

けっして阿修羅像を美術品や文化財として冷ややかに眺めたのではない。静かに対峙し、向き合えば、いまの自分のほんとうの願いが見えてくる。そして一心に祈りたいという静かな気持ちが生まれてくる。ふしぎな体験だったことだろう。高度な文明の発展の陰でさまざまなストレスに満ちた現代社会。人は複雑化した人間関係にすり減ってもいる。それでも、これらみほとけは、いまもやすらぎや癒しを感じさせてくれるのだ。国宝とはガラスケースの向こうにしまいこむものではなく、そうやって生きた人間とつながるものなのだろう。

宗教心や信心などすっかり失った日本人だが、阿修羅フィーバーは確実に、拝む心、ありがたく感じる気持ちを目覚めさせた。それは、かつて人生に行き詰まってどうぞ救って下さいとすがるしかなかった民びとたちの祈りと、おそらくたいして大きな違いはあるまい。

ある貴婦人もまた、同じ思いでみほとけに祈った。

彼女の願いとはただ一つ、夫の健康のみであった。いまの時代とどれほども違わないささやかな願いである。違うのは、彼女が鏡女王《かがみのおおきみ》という皇族の女性であったこと、夫が藤原鎌足という朝廷における重臣であるという特殊性であろう。夫の病気平癒を願い、釈迦三尊像を本尊として、彼女は寺院を創建するに至るが、それが興福寺の起源となる。

●祈りはささやかな家族のしあわせ

神奈備《かむなび》の石瀬《いはせ》の社の

　呼子鳥いたくな鳴きそ我が恋まさる

万葉集にこの歌を残す鏡女王は、かの女流歌人額田女王《ぬかたのおおきみ》の姉とも言われる。多忙をきわめる鎌足の不在を淋しく思って作られた歌、と読めば、かつて天智天皇の妃であった人が物品のように功臣の鎌足に妻として与えられたという人間としての屈辱もどこへやら、夫鎌足との間には愛があったことがうかがえる。

彼女の生んだ不比等は、その後、平城遷都に際して、もともと山城国にあったこの寺をいまの場所に移すのだ。以後、興福寺は、摂関家として栄えゆく藤原氏からの保護はもちろん、不比等の死後は天皇や皇后によって堂塔が建てられ、国家の手によって整備されていく。もはや藤原氏という一個人の私的な寺ではなく、国家を鎮護する寺として発展し、江戸時代には二万一千石の朱印を与えられて庇護されるなど、その威光は明治の神仏分離令の発令時まで続くのである。

むろんその間、たびたび火災に見まわれたのは残念なことだ。だがそのたび再建を繰り返してきた、不滅の寺とも言えるのがこの寺でもある。中でも治承四年（一一八〇）、源平合戦で平《たいらの》重衡《しげひら》による南都焼討で受けた被害は甚大で、東大寺とともに大半の伽藍が焼失した。広大であるだけに、焼け跡はどれほどの絶望を与えただろう。それでも人は復興を始める。高僧をリーダーとして全国から興福寺再建の志が結集するのだ。現存する建物のほとんど、そして運慶ら慶派仏師の手になる仏像などの寺宝類は、この折、鎌倉復興期に作られたものが多い。

また明治の始めには行きすぎた廃仏毀釈で廃寺同然に追い込まれるが、それを嘆き、ふたたびよみがえらせたのはこの寺を愛する民衆の力だ。

いまここにこうして目の当たりに出来る国宝。それらはすべて、守りいとおしんだ先人の努力があったからこそだ。昔の人々と同じ気持ちで向かい合えることの奇跡は、日本という、悠久の歴史を持つ国に生まれたからこその僥倖《ぎょうこう》だ。

人々の祈りあるかぎり、その象徴である堂宇は消えない。そんなことを伝えて静かにたたずむ南円堂、北円堂、そして美しい五重塔。

かつて剣を持って争い、戦い、斬り敷いてきた歴史の果てに、人がつかんだ平和の領土がここにある。

興福寺五重塔と猿沢池

⑧ 賀茂神社、物部《もののべ》の墓と太子の寺へ
――神々の敗北と勝利のはてに

●森から始まる神々の時間

国土の七割が山でできた日本。

この国に生まれたならば、人は必ず、緑なす森で出会う自然のふしぎに目を見張り、人知を超えた力に神を感じることになったであろう。天から落ちて下り走る水の仕事も、吹きすぎる風の軌跡も、巨大な磐《いわ》の動じぬさまも。ある日山頂にとどろき、閃光とともに燃え落ちて森を焦がした雷などはその典型であったはずだ。

森羅万象、とは実にみごとな表現で、人は、この世で起きるすべてを森の中で感得した。

森はそのふところに人々を匿《かくま》い、危険をしのぎ、木の実や茸などゆたかな糧を与え養う慈愛深い母であったが、同時に、洪水や山火事、暗さや孤独といった、負の試練もぶつける祟り神のおそろしさも合わせ持っていた。生殺与奪は森に依ります神しだい。それだけに人は、神を敬い、また、おそれたのだ。

永い縄文の時間はそのように過ぎた。

やがて森を出、里に下りて農耕を始めた時も、人は、森の神々を忘れなかった。逆に、その偉大な力にすがり、自分たち部族の者が平穏無事に暮らしていけるよう、いままでに増して篤く祈りをささげた。これが「氏神」の始まりだ。

奈良三輪山を神体とあおぐ麓の部族は、大神《おおみわ》族とも表記される三輪一族で、大神神社をまつる。九州には海をテリトリーとする宗像《むなかた》族の宗像神社、また、宇佐族がまつる宇佐八幡がある。時代が下って、物部氏による石上《いそのかみ》神宮や藤原氏の春日大社など、神社と氏神は、氏族の数だけ存在した。

京都が山城国と呼ばれ、まだ都ではなかった上古の時代、そこにも森を聖域として神を祀った氏族があった。賀茂一族という。

賀茂山に火を伴って落ちた雷に神の降臨を見た人々である。彼らはそれを「賀茂神社」に祀った。上賀茂神社、下鴨神社、二つ合わせてこの名で呼ばれている。上賀茂神社には降臨した神である賀茂別雷命《かもわけいかずちのみこと》が、そして下鴨神社にはその母である玉依日売《たまよりひめ》が。神の親を祀ることから「賀《か》茂御祖《もみおや》神社」というのが下鴨神社の正式名だ。日本の古代人は、神にも親や先祖を想定し、けっして命が唐突に単体で生じたわけではないのを胸に刻んでいたのだろう。

賀茂、鴨、と表記に複数の文字があるのは、日本に漢字が伝わる以前の太古から、音でその呼び名が存在していたことを裏付けており、賀茂一族は、この姫の兄、玉依日古《たまよりひこ》の子孫であるという。何にせよ、この神社が日本の歴史が始まってまもない頃の、もっとも古い一族がまつる氏神であった事実を裏付けて不足がない。

●神さびる地の森の変遷

糺《ただす》の杜《もり》。下鴨神社の境内にある社叢林《しゃそうりん》は、京都の町の中にありながら、一歩踏み込めば見上げるばかりの巨木、大木が文字通り森閑とたたずみ、さっきまでの都市の喧噪が別世界のような静けさに満ちている。その名のとおり思わず背筋を正し、深呼吸したくなる緑の世界。ユネスコの世界文化遺産に「古都京都の文化財」の一つとして登録されている貴重な森だ。

周辺を賀茂川と高野川に挟まれたこの森は、太古からの原生林で、その広さ、およそ東京ドームの約三倍に相当する十二万四千平方メートル。かつて京都に平安京が置かれた時代には四十倍もの広さがあったという。約四千七百本ともいわれる樹木は、ケヤキやエノキなど落葉樹が中心ながら、静謐《せいひつ》を求めて集まる人々のための散策路やベンチなど、随所で丹念に人の手が入り、いつもきれいに掃き清められているのがすがすがしい。

風そよぐ　ならの小川の夕暮れは

みそぎぞ夏の　しるしなりける

百人一首に収められた藤原家隆の歌にも詠まれているように、神社の境内を流れる〝ならの小川〟は、古来、汚れや災厄を払い流した聖域の川として知られている。

なんといっても、日本三大祭として国際的にも知られている五月十五日の祭礼、葵祭《あおいまつり》では、事前に行われる斎王代《さいおうだい》もここでみそぎをするのである。

葵祭は、平安の宮廷で花開いた数々の古典文学にも描かれているが、『源氏物語』では光源氏の正妻の名を、無数の読者がこの祭にちなんで「葵の上」と呼び習わしたほど縁が深い。ふだんは宮中の奥深くに暮らす女房たちが、この祭の見物をどれだけ楽しみにしていたか、着ていく着物の色柄、乗って行く車の格など、紫式部の筆はこまやかに描く。そして一転、華やかな祭の場が、車争いという〝動〟の名場面となって、後の悲劇を生む原因としてビジュアル的に刻みつけられるのだ。

下鴨神社

それほどまでの盛り上がり、宮中を挙げての一大イベント。ということは、この神社の祭礼が、当時すでに、朝廷が行う国家行事であったことをあらためて認識しないわけにはいかなくなる。すなわち、古代には賀茂一族の氏神だった存在が、時代の変遷とともに、国家をあげて祀る神にまで高く位置づけられていたのである。

それは当初、先住の神への敬意から発したことであったろう。平安京が築かれた時、すでに神社はこの地を守って久しかった。そこへ、遷都という国策により、大挙して皇族貴族、民びとが移ってきた。衛生観念、医療からいって、当然、夏には疫病も流行ったはずだ。その時、国を治める者の義務として、朝廷はなんとか国民の安泰を守りたかったであろう。それには人の知恵をはるかに超えた、神の力を借りざるを得なかった。夏のわざわいを祓い清め、秋の豊穣と安泰を祈る。その「神」こそが、太古からこの杜の中に宿った神々だったのだ。

もっとも、この神々も、荒れて乱れる人の世の変遷にはなすすべもなかった。応仁の乱で京都が兵火に焼かれた時、森は七割を焼失するし、明治初期の上知令では寺社領の没収の例に漏れず、ついに現在の面積まで減少するのである。とはいえ、京に都があった千年の間、在来の森の神々は、人々とともにこの地に根付き、ともに生きた。その事実は覆せない。

●神々の敗北

日本人はおうおうにして、既存のものを壊すことなく滅ぼすことなく、新しいものと上手に融合させていくのが得意であったらしい。一氏族のものであった氏神は、永い歴史の中で、後から来た者たちの神ともなって普遍的に進展していく。

しかし、そんな中でも、どうしてもゼロか一か、オール・オア・ナッシングでその存在を賭けなければならなかったものもある。土着の神とはまったく別物の、外国から来た神との衝突がそれだった。

そこには、森に入ればすがすがしくなり落雷を見れば恐れるといった、同じ風土を分かち合ってこそ共有できる民族としての感性はない。なのに、金銅の仏像はきらきらしいほどありがたく、壮大な寺院建築は圧倒しひれ伏さずにはいられない。仏教の伝来は、いまさらながらに衝撃的な、魂に押し寄せる波であったことだろう。

伝来は欽明天皇期の五三八年、百済から伝わったとされるが、私的にはそれ以前から蘇我氏などが個人的に帰依していたというのも当然と思える。問題は、天皇家でも、理論的に文字にされた仏教を知るにつけ、感服しながらその経典を読み進み、これからの国の統治は仏の力で、との思いをかためていったことにあった。

神仏論争は、こうした事情を背景に、それぞれを奉じる豪族間の権力争いとなり、日本で初めての〝宗教戦争〟として火花を散らす。

結果は、前回訪ねた石上神宮が物語るとおり、蘇我氏を筆頭とする崇仏派の勝利に終わる。物部氏は滅び、歴史から消えた。

教科書が数行ですませる事実ではあるが、その痕跡を確かめに、古戦場を訪ねてみた。蘇我馬子が大群を率いて攻めた物部守屋の本拠地、河内国渋川郡。現在の八尾市である。日本を二分する豪族どうしの戦と言うが、軍事氏族である物部は精強で、稲城を築いて防戦し難攻不落をきわめたという。だが勝敗を決めたのは一本の矢であった。従軍していた若き厩戸皇子《うまやど》――後の聖徳太子の舎人《とねり》とも言われる迹見首赤檮《とみのおびといちい》の放った矢が、みごと物部守屋に命中し、戦いを終わらせるのだ。

驚くべきことに、この地には千四百年たったいまも、その矢の軌跡が残されている。車の往来が激しい喧噪の中の国道二十五号線沿いに「物部守屋の墓」はあった。玉垣に四方を囲まれたささやかな墓所だが、いまなおそこに確たる存在を示しているのは、あまたの豪族が交代し歴史のあわいに消えていったことからすれば稀有なことといえるだろう。

近くには秦河勝《はたのかわかつ》が物部守屋の首を洗ったと伝わる「守屋池（守屋首洗池）」があり、飲み屋街となった小路の先には守屋を射た鏑矢《かぶらや》を埋めたと伝わる「鏑矢塚」や、高圧線の鉄塔の下の空き地に守屋が弓に撃たれた「弓代塚《ゆみしろつか》」なるものもあった。

歴史はつねに勝者が書き換える。この戦の後、殊勲者の赤檮は物部氏の領地だったうちから一万田を与えられる。そして地名は「太子堂」。近くには勝者である聖徳太子にちなんだ「大聖勝軍寺」があり、この一帯が寺領となったことも思い描ける。

輝かしい権力の座から去った守屋。敗者にすぎない彼の墓がいまなお守られ現存し語り継がれているのを目の当たりにすると、奮わぬ時も常に阪神タイガースを支持するのと同様、時の権力者に対して反骨精神を発揮する大阪人の気概が見えるようだ。そしてあらためて墓を囲んだ玉垣を見て驚いた。石標の一つ一つに、全国各地の神社の名が読める。住吉大社、天満宮、諏訪神社、宗像大社……。守屋の墓に、あらゆる地方の神々が集まり、ぐるりと囲んでその霊魂を守る事実。古代の神仏論争で、たしかに神々は敗北した。だがこうしていまもこの地に生きて、敬う者の魂を慰め守って、立っている。守屋は死しても神々は滅びず。林立する玉垣がそれを無言で語っている、そんな気がした。

物部守屋の墓

●下の太子から上の太子へ

古戦場を後に、また一つ、行きたい場所がみつかった。仏教が勝利したこの地に建った大聖勝軍寺は、地元では地名にもなったとおり「太子堂」と呼ばれるのがふつうだが、「下の太子」の別名もある。ならばこれに対する「上の太子」はどこなのか。

南河内郡太子町にある叡福寺《えいふくじ》がそれと知り、足を伸ばすことにした。またしても太子町。勝者であり、徳で知られた聖徳太子が、どこまでも人々の記憶に刻まれていることの証だろう。太子ゆかりといえば、法隆寺や四天王寺はじめ、各地に立派な寺院があることでも言を俟《ま》たない。

寺伝によれば、聖徳太子は生前からここを墓所と定めていたらしい。南河内の自然ゆたかな地に抱かれた広い境内、堂々たる本殿。あらためて聖徳太子という偉大な人の遺徳がしのばれてくる。歴代の天皇や権力者が永く大切にしてきたことも当然で、平安時代には嵯峨天皇をはじめ多くの天皇が参拝しているほか、平清盛は息子の平重盛に命じて堂塔の修理をさせているし、戦国の兵火による焼失後は、豊臣秀頼が伽藍を再興した。

為政者たちだけではない。空海、親鸞、日蓮など、鎌倉期に新しい仏教を開いて祖となった高僧たちもこの寺にあまた参籠した。仏教を日本という国家レベルで浸透させた聖徳太子への尊敬が、墓所があるこの寺に集約されたのであろう。

墓は寺の奥まった位置、山裾を抱き込むかたちで作られ、北古墳と呼ばれている直径五十五メートルの円墳が本体である。横穴式石室をもち、内部には三基の棺が安置されていることから、ほかの二つは、母の穴穂部間人皇后《あなほべのはしひとこうごう》と、妃の膳部菩岐々美郎女《かしわでのほききみのいらつめ》とされている。近辺には敏達《びだつ》天皇、用明天皇、推古天皇、孝徳天皇の陵もあり、古代、ここは聖地であったのかもしれない。

墳丘の周囲は「結界石」と呼ばれる石の列によって二重に囲まれているのが特徴的だ。太子廟の七不思議の一つに、この石は何度数えても数が一致しないのだとか。

ふと、神社の寄進による石柱が立ち囲む守屋の墓を思い出す。おのれの神々を奉じる者、仏の御心を広くあまねくしろしめた者。それぞれの信念により、地上でなした業績は、それを受け継ぐ者たちによってたどられ語られ、忘れ去られることはない。敗者も勝者も、その一生をどう生きたかで、思いは決して死滅することはないのだろう。

目を上げれば墳墓の背後で、緑なす山の木々がまぶしい。太子廟の七不思議では、木がおい茂る御廟内でも松や笹は生えない、鳥が巣を造らない、などとも言われる。太子の魂はいまなおここで、森と調和し、山と折り合いをつけ、現世の森羅万象に脈付いているということか。

森から来て、森に眠る者たちの夢。いまの時代の我々が、勝手な事情でさまたげることのない世であるように。そんな願いを、神々でもなく仏でもなく、森に向かって頭を垂れて、踵《きびす》を返す。

⑨ あおによし奈良のみほとけ 道ふたつ

——不屈の高僧、孤高の修行者

●奈良仏教の日ざかりに

聖徳太子の思想をうけ、国家や国民の精神的基盤として受け入れられた仏教。その後、聖武《しょうむ》天皇によって、国家の背骨としてこの国に定着することになった経緯は、前回までの旅で見てきたとおりだ。大和の国は、国ごとに建立した国分寺や国分尼寺ほか、都を中心に各地に寺院建立が進められ、鎮護国家という理想を実現していく。

しかし、建物ができただけでは目的が果たされたとはいえない。いわゆるハコモノが出そろい、格好だけは整っても、中に人の気配もしない空洞ならば、いくら荘厳に輝いていても廃墟と何ら変わりはない。そこに人があふれ活気に満ちていてこそ、民衆のために作られた意義が生きるといえるだろう。

したがって、それら官営の寺々には、国家から認められた官僧・官尼が送られ、それぞれの仕事にいそしむことになった。

仕事というのは、ふだんそこに住んで、国家を安泰に鎮めるための教説の研究を行うというもの。そしてひとたび国家的な行事が催されることになると、集められて儀礼に臨み、経典を読誦《どくじゅ》する。また天皇家に病人が出るというような非常時には、治療のための呪術も盛大に行った。国家のために働くのであるから、身分は宮廷に出仕する役人に準じ、課役を免除されるなどの特権を与えられていたのが特徴だ。

こうした官僧になるには、受戒によってそれと認められねばならなかった。

さてこの「受戒」とは——。

釈迦から代々伝えられてきたおしえを授かり、仏教徒としての決まりや規範を守ることを誓う儀式を、受戒という。しかし正式の僧となるには、仏弟子としての約束を誓い出家者となるだけでなく、もっと厳密な儀式を通過しなければならなかった。すなわち、「戒壇」という場で、「三師七証」という授戒の師三人と、それを見届ける証明師《しょうみょうし》七人のもと、「具足戒《ぐそくかい》」を受けねばならないのだ。

しかし八世紀前半、やっと仏教を国家レベルで取り入れたばかりの日本では、まだ正式の授戒の制度は整備されていなかった。なにより、まず授戒資格のある僧の数が絶対的に不足していた。

そのため、官の承認なしに勝手に出家し僧を自称する私度僧《しどそう》が増えていく。なんといっても僧は特権階級であり、免税の特権は大きいのだ。

こうした事態を避けて秩序を保つには、一刻も早く一人でも多く、仏教者に戒律を授ける「導師」「伝戒の師」が必要だった。

このような事情を背景に、荒波を渡り、中国から招聘《しょうへい》されてきた高僧がいる。鑑真《がんじん》である。

井上靖の『天平の甍』では、その高邁な志と不屈の魂とがいきいきと描かれ感動を呼ぶが、実際、日本へ渡る航海に五度も失敗し、それでもあきらめず六度の挑戦でやっと大和の地を踏むという偉業は、後世の我々の胸を打って色あせない。さてそのドラマティックな業績とは――。

●荒波を越えてやってきた伝戒僧

始まりは、遣唐使船で渡唐した留学僧《るがくそう》たちの熱き思いにあった。国のため、なんとか先進の唐から授戒資格のある僧を招きたいという悲願が、彼らを荒波の向こうへ突き動かす。

鑑真が初めてこれら日本僧らに会ったのは七四二年、揚州（現・江蘇省）の大明寺でのことである。

聞けば、日本には正式の伝戒の師がいないため、ぜひとも自分たちが供となって奈良へお連れしたい、という。そして、誰か弟子や知り合いの僧のうちから、しかるべき人材を推薦してもらえないだろうか、とひれ伏すのである。

そう、この時点では、鑑真自身はすでに唐でも名を知られた高僧であり、まさか彼みずからが腰を上げることになるなど、日本僧らも思ってもみなかっただろう。

鑑真としては、一途に国を思う日本僧たちに心を動かされ、すぐに弟子たちを見回し、志願者を募ってやるのである。

ところが当時の航海は命がけ。しかも自国よりも文化の遅れた島国へ行くなど、何のメリットもない。前途のある身なら、唐で位をきわめることのほうがモチベーションとしては大事であったろう。弟子たちはみな、渡航の危険などを理由に渡日を拒む。

ため息が一つ。燃える思いで望みを告げた日本僧たちの落胆はいかばかりか。

おそらく鑑真は、その様子を見て決意を固めたに違いない。高僧になったとはいえ一人の仏弟子としていまの自分にできることは、国内における名声でもなく地位でもない。いまだ仏教の歴史浅くその発展に悩む日本に行き、広くほとけの教えを栄えさせること。それこそが釈迦牟尼が自分に課した使命ではないのか。――そうして鑑真は、みずから荒海を渡って日本へ行くと宣言するのだ。

日本僧たちの喜びと感謝、中国僧たちの衝撃と失望。明暗を分ける驚きは、鑑真を日本へ行かせたい者、行かせたくない者、それぞれを駆け抜けたことだろう。

けれども鑑真の渡航は挫折の連続であった。ある時は船を出す前に関係者の密告で日本側の僧が捕縛され、ある時は時の皇帝玄宗が鑑真の出国を惜しんだために許可をもらえず、やっと出航できたと思えば乗っていた船が難破する。ついに沖遠くこぎ出した五回目の航海では、嵐に遭って船が漂流し、中国最南端の海南島まで流されてしまったり。さらに悪いことには、陸路を揚州へ戻る旅の途中、ずっと苦労を共にしてきた仲間を失うという絶望にも遭遇する。

そして六回目、琉球を経て、やっと薩摩へ、日本の地に着いた。天平勝宝五年（七五三）十二月だった。初めての船出以来、実に十年もの歳月が過ぎていた。

難波の津から、奈良のみやこにたどりつくのはそれから約二ヶ月後。天平勝宝六年（七五四）二月、鑑真はすでに六十六歳になり、その目は難破の際に失明し日本の景色を見ることはできなくなっていた。

●苦難のはてに

こうして唐からはるばる鑑真を迎え、悲願の伝戒の僧を得ることになった平城京では、国を挙げての歓待となった。

鑑真は勅命により東大寺大仏殿に戒壇を設立、春には早くも華々しい登壇授戒が行われる。菩薩戒を受けたのは、聖武上皇、光明皇太后、孝謙天皇らをはじめ、幾多の皇族貴族たち。そして具足戒を受けた官僧、官尼、沙弥にいたるまで。その数実に四百名におよぶ。

日本上陸後、鑑真は大宰府にある観世音寺に隣接する戒壇院で初の授戒を行っているが、東大寺大仏殿前で盛大に、華々しく行われたことにより、やっと日本でも登壇授戒が可能になったのであった。

さらに、みやこにかぎらず日本の東西で登壇授戒が行われるよう、大宰府観世音寺や下野国薬師寺にも戒壇が設置される。これは鑑真来日以来六年たらずの内になされたことであり、戒律制度は急速に整備されていく。

東大寺唐禅院を居所として、鑑真が行ったこれらの業績が実を結ぶ中、天平宝字三年（七五九）には、皇族の邸宅跡であった土地が寺院建立のために与えられる。

唐招提寺だ。

漢字の意味どおり読めば、その寺号は、唐から招いて築いた寺、すなわち唐僧鑑真和上の寺という、ドラマそのものを表している。

優美な甍のカーブをそらせる金堂。その背後に、講堂。そしてそれらの間、東西には、鼓楼と鐘楼がひかえ立つ。まさに、国宝のラインナップというべき、天平を代表する建築物だ。

これら堂々たる伽藍は、かつては回廊でつながっていたということで、どれほど壮麗なものであったかを伺い知るにはじゅうぶんだ。来日のために鑑真が払った犠牲に報いてありあまるだけのものをと願った、当時の日本人らの感謝の規模が見えて、まぶしい。

この寺において、大僧都《だいそうず》に任じられ晩年の五年間を生きた鑑真は、後に大和上の尊称を贈られる。そして、天平宝字七年（七六三）五月、波乱に満ちた七十六年の生涯を終え、日本の土となるのである。

●南都六宗がさかえる傍らで

鑑真の貢献により、受戒した僧侶たちは続々、正式な僧となって官寺に入った。

彼らの仏教精神のよりどころとなったのは、南都六宗と呼ばれる宗派である。三論宗、成実宗《じょうじつ》、法相宗《ほっそう》、倶舎宗《くしゃ》、華厳宗、律宗の六つで、東大寺などの大寺に集い、それぞれの視点からこの国の状況に則した教説を研究する学問にいそしんだ。いまと違って一つのお寺に複数の宗派が混在していた、というのが興味深い。

これらの宗派が鎮護国家の柱となって日本仏教の体系を整えていく中で、外から来た神であるほとけたちは、この国の先住者である在来の神々とむすびつけられていく。つまり、神仏習合によって、諸仏を合理的にこの国にとりいれ融和させることが進められていったのである。

こうして仏教はみごとに国家の支配体制に組み込まれていった。かねて懸念された私度僧は減少し、同時に、特権を与えられた僧の中には、権力や財力を掌握する道が開け、後には、加持祈祷という職務において、看護を受けた天皇の信頼を一心に集めるような者も出てくる。

また、その一方で、これら国家の体制に組み込まれることなく、庶民たちとじかに接し、独特の活力をふるって受け入れられる僧たちも数多くいた。彼らは官寺にはとどまらず、山に入ってさまざまな修行に励み、世を救い人を助ける実践的な活動を通じて〝聖《ひじり》〟と呼ばれ敬われた。

その一人に、役行者《えんのぎょうじゃ》がいる。

正式名は役小角《えんのおづぬ》。大和国・河内国に多く分布していた氏族の出で、舒明《じょめい》天皇六年（六三四）に現在の奈良県御所市茅原に生まれた。生誕の地とされる場所には、吉祥草寺が建立されている。その生涯は、不思議に満ちている。

十七歳の時に元興寺で孔雀明王の呪法を学んだという役小角は、二十代の頃、藤原鎌足の病気を治癒したという伝説もあり、若くしてすぐれた呪術力を発揮していたことが想像できる。長じては山岳で修行を重ね、天狗のように山に生き、磨き上げた呪術力をもってさまざまな活動を行った。

『続日本紀《しょくにほんぎ》』によれば、文武天皇三年（六九九）、讒言《ざんげん》によって、民びとを惑わす罪を断じられ、伊豆大島に流される。しかしここでもぬきんでた個性が耳目を集めたのだろう、人々は、小角が鬼神をこき使い日々の炊事の水汲みや薪割をさせていると噂した。

二年後の大宝元年（七〇一）には大赦によって大和国に帰還するが、その年、六十八歳で没している。終焉《しゅうえん》の地が、彼の愛した山岳の一つ、天に近い箕面《みのお》の天上ヶ岳であったことが彼の生涯を象徴的に示しているが、実際、関西地方の山に入ればたいてい、峻険な山岳に彼の足跡に出会えることには圧倒される。いったいその人生のどれほどを、彼は山で暮らしたのだろう。葛城山、熊野、大峯。——獣しか行けぬけわしく奥深い山に入り、修行を重ねた彼は、吉野の金峯山《きんぷせん》で金剛蔵王大権現を感得したといわれる。

現代の装備をもってしても、山は、厳しい気候や困難な道程で人を阻む。まして、物資もなく便利な装備もない時代に、たった一人で山に入り、自然と対話し心を磨き、俗世を卓抜してほとけと精神を通じた男。

修験道といわれる日本独特の仏教は、国家権力とは遠い山岳の上で、彼によってその基礎が築かれ、無数の男達により受け継がれていく。

●七つの滝と役行者

修験道とは、そもそも、山の高みを神のよりしろとし、森の不思議を神の威力とみなす日本人の自然崇拝、山岳崇拝がもとになっている。霊峰であるから、雷神や火の神のように、姿をあきらかにしながら降臨する神々がある。姿を現さぬ神々についても、山には随所に印があった。

だが聖なる気を好むのはほとけも同じ。そう解釈するのが日本人だった。役小角の金剛蔵王大権現も、つまりは同じ感覚によるものだろう。霊験あらたかな吉野の山なら、修行する彼の前にほとけが出現するのも無理なく語り継がれることになった。

吉野や大峰山の他にも、伊吹山、神峯山寺《かぶさんじ》など、彼の縁につながる山にあって、修験道の行場となった寺は数多くある。

そんな中で、大峰山山上ヶ岳より六年早い開山になるのが犬鳴山の七宝瀧寺《しっぽうりゅうじ》だ。開山は六六一年。「葛城」とまとめて呼ばれた和泉山系にあり、葛城二十八宿修験道の根本道場として明治維新後の修験道廃止令が出されるまで、長く栄えた。

それにしても、修験道の道場とはどういうところか。それらしいいでたちもないままだったが、思い立って訪ねてみた。

犬鳴山。奇妙な名前だ。聞けば、この山の名前の由来にはいわくがあった。

宇多天皇の御代、紀州の猟師がこの山域で犬を連れて狩りの最中、鹿に狙いを定めて射ようとするのだが、突然、犬が激しく鳴きだし、獲物を逃がしてしまった。猟師は腹立ちまかせに犬の首をはねてしまうが、その首がなおも飛び跳ね、猟師の頭上からいままさに襲いかかろうとしていた大蛇に噛みついた。犬は、主人が大蛇に狙われていることを知って、鳴いて知らせていたのだ。猟師は忠犬の思いに気づかなかったおのれのあさはかさを悔い、七宝瀧寺の僧となって愛犬を供養したという。

この話を聞いた天皇が心打たれ、寺の山号を「いぬなきさん」に改めるよう勅号を送ったのである。現代は空前のペットブームだが、ずっと人間のパートナーとして生きてきた犬との緊密な関係を、こんな時代にもみることができる物語といえる。そしてそれはどこか悲しい。

その山裾から寺内を上り、滝をみつける。行者の滝だ。飛鳥時代に役行者が修行したと言われている。その清冽な流れ、鋭い飛沫、豪壮な水音。冬には身を切る刃にもなりそうな勢いのよさだ。

山中には他にも合わせて七つの滝がある。平安時代、大干ばつに襲われた時、雨乞い祈願の結果、雨が降り、そのことを知った淳和《じゅんな》天皇が名付けた寺名が「七宝瀧寺」である。

七宝瀧寺の滝のそばをゆく筆者

「ゆく川の水はたえずして、しかももとの水にあらず。」――世の無常を水の流れにたとえたのは鴨長明だが、水辺に立って滝から落ちて走りゆく水を眺めていると、ここの水は役行者の昔から変わらぬ悠久のものだと信じられる。
天から落ちて、山のいただきを転げ落ち、さかまき、たゆたい、またほとばしって地を駆ける。山を生涯のすみかとし、おのれを磨き世に尽くす。そんな、〝聖〟と呼ばれた男たちが、なぜにけわしい山中を愛したか、どこまでも清らかな水が、無言で答えてくれる気がした。

⑩ 延暦寺～神護寺

――南都をこえて北嶺へ。平安仏教の幕開け

●道を求める男たち

立ち並ぶ伽藍の威風。堂宇には香華と僧侶たちの読経の声が響き渡る――。奈良は、かつて皇族貴族たちが先祖伝来の神々に配慮しながらプライベートに仏を拝んでいた信仰の時代からは大きく様変わりした。

いまや、都大路には国家の力で築かれた壮大な寺院が甍《いらか》をそびやかし、戒壇が作られ制度も整い、正式の僧侶の養成と学問研究には何も不足がなくなった。奈良はまさに絢爛豪華な仏教文化が花開く都に成熟していた。

その威容、平城京の東と西の極に東大寺、西大寺がそれぞれ位置し、京内には四大寺といわれる大安寺、薬師寺、興福寺、元興寺を抱えるという規模の大きさ。それに法隆寺を加えた七か寺を特に「南都七大寺」と呼び、そのほか法華寺、唐招提寺、新薬師寺など、大寺院がその数だけ

でも都に占める割合を圧倒した。

だが同時に、そうした官営の仏教組織に組み込まれることに疑問を抱く者も現れる。かたまりとなって祈り仕える場には身分の安定はあるが、昇進と権力の座に就くことをゴールとする競争の構図も生まれる。そしてそこに染まること自体が、妄執や煩悩といった、ほとけが本来救うべき俗界と少しも変わらぬことに気づいてしまうからだった。

そして苦悩した結果、寺院を出、みずから山野へ旅立ち、思索と修行によって人が到達すべき宇宙の真理に挑もうとした男たちも続出する。人はなぜに生まれ、そして何をなして死んでいくのか。永遠に解けない謎に、まばたきもせず目を見開いて向かい合い、道を求めた最澄や空海などがそうである。

統合と離反、形成と破壊。たがいに相反する方向へ向かうエネルギーは、つねに同時進行で地上に歴史を連ねるものだ。

それは天皇家でも例外ではない。仏教の伝来をみた欽明帝以来、ほとけの力を借りて民をみちびき、みずからもよき君子たろうと仏教に帰依してきた歴代の天皇、皇族たち。しかし奈良時代末期、歴代の帝が積み重ねてきた仏教との関係に、おおいに疑問を抱いてこれを否定する一人の反動分子が出現する。桓武《かんむ》天皇である。

国政にも大きな影響力を持つようになった仏教勢力に、この天皇は果敢に立ち向かおうとする。そして大胆にも都を移す、という大手術に打って出るのだ。

●桓武帝の野望

御幸、という言葉が表すように、政治を行う者としての天皇はどこにでも動ける。天皇が座するところがすなわちまつりごとの場であり都となるのである。

片や、寺院は、いったん立派な伽藍や堂宇が建ってしまえば、それが大規模であればあるほど動くことはできない。たとえるならば、それは植物のようなもの。動けばみずから養分を断たれ、朽ち果てるしかない。そしてそこにこそ天皇のたくらみはあったといえる。

爛熟した各寺院をそのまま奈良に置き去りにし、政治の場を奈良から遠くへ引き離す。植物たちがどうあがこうとも動けようはずもなく、遠方にあってはもはや政治に口出しすることはできなくなるのだ。

順当に流れたはずの歴史は、時折、こうした波乱をみせていく。仏教によって国を鎮護する道を選んだのも天皇なら、その結果、大きな力を持つようになった寺院勢力を、疎《うと》み、遠ざけようと望んだのもまた天皇だった、という皮肉。ここにも統合と離反、形成と破壊のコントラストがみえる。

こうして奈良は、あらたに北に置かれる都から見て南に位置することから南都とされ、歴史の表舞台から後退する。人の去った平城京は荒れるにまかせ過去の扉に封じ込められていくことになるのだ。

そして、あらたな都とは。

まず長岡京へ、まるで予行演習のように都が造営される。ともかく奈良を脱出せよ、何が何でも仏教界を切り離せ、という桓武帝の思いは、この地で寺院の建立が一切認められなかったことからも推測できる。まさに天皇の不退転の決意がうかがい知れよう。

そしてさらに北へ、ほとんど未開の山城国へと都の構図は動いていく。七九四年、平安遷都だ。以後数百年の間、この国の政治の中心として栄える都が完成する。

もっとも、偉業に挑む桓武帝にもおそれるものはあった。長岡京の造営時にはいくたびとなく天災が起こって工事は進まず、近親の皇族に不幸なできごとが続いて祟《たた》りといわれる不審事も続いた。

人は、自分の力の及ばぬ事象には謙虚になる。素直に無力を認め、そして足りない部分を神仏にすがる。

南都の仏教勢力を遠ざけたはずの桓武帝にも、やはり救いとなるべきほとけの力は必要だったのだ。

そして時代はいつも、求めに応じて次なる主役を送り込む。時を同じくして、新しい都の北、神聖な山のいただきに、いままでとは違う仏教の胎動が始まろうとしていた。
山岳密教。日本は、あらたな仏教のステージを迎えようとしていた。

●北嶺に芽吹いた新仏教

それまで宗派の境のなかった奈良仏教とは異なり、平安仏教は、現在につながる宗派仏教の始まりともいえる。その最初の流れをうちだしたのは、日本天台宗の開祖である伝教大師・最澄といってよかろう。

十九歳で東大寺における具足戒を受け、官僧となった最澄だが、たった三ヶ月で奈良を辞し、故郷へと下る。おそらく、権力の下に肥大した南都仏教のありように、青年らしい失望をみたのだろう。

比叡山は、彼が生まれた近江国滋賀郡にほど近く、親しく見上げた山であったにちがいない。しかし古代から山岳信仰の対象であり、東麓の坂本には、地主神ともいうべき大山咋神《おおやまくいのかみ》が日吉大社に祀られている。山といえば何山と言わずとも比叡山をさす、というほどの繁栄につれ、山の王、山王神として敬われ全国に数千の分社を持つに至る先住の神だ。だが当時はそれ以外には何もなく、奥深い山林が広がるのみ。最澄はそこにささやかな草庵を築き、十二年にわたって山林に籠もっての修行を続ける。

その折、彼が立てた誓願は、眼、耳、鼻、舌、身、意と、六根清浄になるまで里に下りて説法もしない、というものだった。これは後に学問所となった比叡山で僧となるのに必ず課される行となり、いまも籠山行《ろうざんぎょう》として比叡山・西塔の浄土院で受け継がれている。

山に住み経典を読破することで高まっていく彼の思想は、既製の仏教の反省から出発していた。奈良仏教では鎮護国家としての教義研究を中心とする理論中心になるため、どうしても実践が備わらない。そしてただ形式化されていくのを、彼は批判したのである。

さらに彼が最高の経典ととらえた法華経には「一切衆生悉有仏性《いっさいしゅじょうしつうぶっしょう》」とあり、一切の衆生にはことごとく仏性があってすべての人が仏となるための種子を持っているはず。なのに、南都仏教では成仏できる者とできない者とがいる、としていたことも受け入れがたかった。しぜん、彼は南都の僧とまっこうから対立するしかなく、後には論争も引き起こす。

こうした彼のひたむきな修行と学業はしだいにその名を世に知らしめることになる。拠点とした草庵も、いつか、小規模ながらも薬師堂、文殊堂、経蔵といったお堂を有する一乗止観院という寺院へと整えられていった。これが後の延暦寺である。また、高雄山寺へ赴いて法華会《ほっけえ》の講義を行うなど、山を下りての行動も開始していた。

彼の存在は、いつか都の桓武天皇の耳にも届いていたことだろう。奈良と決別してきた偉大な改革者とはいえ普通の人間と同じ弱さも合わせ持っていたこの天皇は、彼に新しい可能性を見たにちがいない。そして自ら帰依したばかりでなく、仏教界のリーダーとして彼を重用していくことになるのだ。

●海のかなたでもぎ取る果実

八〇二年、最澄三十五歳のとき、唐へ渡る還学生《げんがくしょう》に選ばれる。彼の知名度、功績からいって、資格はじゅうぶんだったといえる。

入唐求法《にっとうぐほう》、という表現にみるとおり、世界の最先進国で学ぶということは、先人たちが完成した知恵をそのまま受け継ぎ取り入れることであり、山林で模索する以上に確実な修行といえた。最澄にとっては、探し求める至高の扉が音たてて開く瞬間であったと想像できる。

期間は二年。彼は一刻たりとも惜しむつもりはなく、希望に燃えて遣唐使船に乗り込んでいく。唐での二年は文字通りめくるめく体験だったであろう。欲すればすぐに落ちる果実のように、彼の求めた答えは惜しげもなく、取り放題に手に入ったはずだ。

まず最澄は、霊地・天台山におもむき、天台教学を学んだ。これにより、帰国後彼は日本天台宗を開くことになる。

また、越州の龍興寺では密教や禅を学んだ。彼の収穫は、天台教学・戒律・密教・禅の四つの思想を学んだことで、それらを日本に伝えた業績が延暦寺に総合大学のような性格を持たせることになるのだ。そしてそのことは、後にこの寺で学んだ法然や道元らに、浄土教や禅宗といった、時代に風穴を開ける、まあたらしい宗派を開かせる下地になるのである。

最澄の業績はかくも大きいものであったが、難問もまた立ちはだかっていた。

いくら天台の教えに従い幾多の弟子たちが育っても、公の僧侶として認められるためには、南都六宗の力を借りなければならないというこの国の決まりだ。公の僧侶として認められるには、南都の戒壇で受戒する、というのが条件なのだ。

そこで最澄は、比叡山に独自の戒壇院を設立すべく、朝廷に働きかける。これが実現すれば、奈良の旧仏教からは完全に独立して、比叡山の籠山行《ろうざんぎょう》という実践を経た、独自の天台僧を育成できる。そして一人でも多く清浄な学びを受けた菩薩僧が巣立っていけば、それがすなわち鎮護国家を実現する力になるであろう。彼はそう訴えて政治活動を続けるのだ。

かつて権力と結びついた南都仏教を批判した彼が、認可を求めるためには権力にたよらなければならなかった皮肉。ともあれ、最澄が生涯かけたこの悲願が認められるのは、彼が没して七日目のことであった。彼の寺は、時の元号、延暦を冠して、以後、延暦寺と呼ばれ、朝廷にも影響を与えるほどの絶大なる権力を誇っていくのであった。

●海のかなたで得てきたもの

時代が呼ぶべくして呼んだ平安仏教という新たな扉。しかしその新しい歴史の幕開けは、最澄だけの偉業としては残らなかった。

彼自身、まさか同じ遣唐使船団の別の船に、同じく時代に呼ばれた男が乗り込んでいようとは思ってもみなかったであろう。それはやはり山野にあって、道を求め続けた空海であった。

最澄の言葉に、「国宝」の定義がある。いわく、宝とは道を求める心である。道を求める心を持つ人、そして世の一隅を照らす人こそ、国宝である、と。いまも比叡山のいたるところに掲げられているこの言葉は、参拝する我々の心に深く響く。だが、まさしく国の宝と言うほかにない世を照らす男、空海が、同時期に彼と生きたことは歴史の必然だったのであろうか。

既成仏教への失望や反省から出発し、宇宙や人生という広大なものの答えを探り、道なき道を探しあぐねる男が自分のほかにもう一人いることを、二人は互いに知ることのないまま、嵐の海を渡っていく。

通訳として弟子を伴っていった最澄とは異なり、語学に長けていた空海は、単身、長安を自在に行き歩き、驚くべき短期間のうちにこの国の先進の学問を吸収した。密教の巨匠・恵果《けいか》から灌頂《かんじょう》を受け、中国人の弟子ですら受け継がなかった真言密教のすべての秘法を修得し、正当な継承者となるのだから、まさに驚異の人物というほかはない。

文明という果実をほしいままにもぎとった空海には二つの道があった。一つは真言密教の阿闍《あじゃ》梨《り》としてそのまま唐に残る道。そしてもう一つは、これを日本に伝えることだった。

むろん彼は後者を選ぶ。いや、運命が彼を選んだというべきか。唐で新皇帝が即位した慶賀のために日本から来ていた使者の船が、帰国の途に就くと聞いたのだ。言うまでもないが当時は日本との間に定期便などなく、いつ船が来るかは運まかせだ。空海は、おびただしい数の経典や仏具、絵画、彫刻とともに、急ぎ、この船で出航する。自分が得た果実を、もらさず故国に伝えたいとの思いが彼を突き動かしたのにちがいない。事実、この船の後、日本からの船は二十年間、とだえるのだ。

日本を変える二人の僧を載せて、船は難破することなく帰りつく。この期間、わずかに二年。歴史を決める運命とは、後世からみて、およそこのように奇跡のような綱渡りの上に成り立つものなのだろう。

●両巨頭、あいまみゆ

最澄が空海の存在を意識するのは帰国後のことになる。空海が朝廷へと届けた『御《ご》請《しょう》来《らい》目《もく》録《ろく》』という、唐から持ち帰った品々の、他とは群を抜くラインナップは、朝廷はもちろん、最澄をも驚愕させたであろう。

自分と同じ期間を滞在しながら、密教の阿闍梨となって帰った男が存在する。これほどの脅威はほかにあるまい。先に帰京し朝廷から帰依を受ける身になっていればなおさらだ。おそらく普通の者なら、自分より秀でた存在に対して邪心を抱きそうなものである。

だが厳然たる事実として、空海の持ち帰ったものには、自分もいまだ目にしたことのないすぐれた経典が列挙されている。ぜひ見てみたい、教わりたい。かつて焦がれるほどの求道心から奈良仏教を離れて山林に入り唐にまで足を踏み入れた彼だからこそ、はるか先を行く人物の大きさが理解できたはずだ。

最澄という人物を、その僧名どおり最も澄んだ魂の者、として思い描けるのはここだ。彼は密教において自分より先達となる空海に、みずから教えを乞うべく山を降りる。いまの神護寺、高雄の山へ。

神護寺は、いずれも和気《わけ》氏の私寺であったと思われる「神願寺」と「高雄山寺」という二つの寺院が合併してできた寺と伝わる。和気清麻呂といえば奈良時代末期から平安時代初期、歴代天皇の側近として平安京遷都などに力を発揮した。僧・道鏡の皇位継承問題にからんで、はるばる宇佐まで神託を受けに旅したことでも知られ、戦前のお札の絵柄にもなったほど。彼は、国家安泰を祈願し、河内に神願寺を、またほぼ同時期に、山城国に私寺として高雄山寺を建立していたのだった。

唐から帰国した空海は、本来なら唐に二十年滞在すべきところ、禁を破って二年で帰国したこ

神護寺楼門

とから、京都に入ることが許されずにいたが、三年後、ようやく高雄山寺に招かれ、密教を宣布すべく活動を開始していた。最澄の灌頂はここで、唐で阿闍梨となった年若き空海の手で行われることになる。

紅葉の名所として全国的に知られる美しい寺、神護寺。しかし海抜九百メートルを超す神の棲む山であったところから、もとはやはり、それまでの南都の都市仏教に飽きたらない僧たちが山岳修行の道場として建てられたものと思われる。肥大した奈良仏教に決別し、まったく未知の宗教観をうちたてた巨頭があいまみえるには、またとない場所であった。

清滝川のせせらぎに耳を澄ませると、野心や自己実現のためではなく、人として、この世に生きる道を探し求めた二人の男の、飾らぬ対話が聞こえるような気がする。

この寺を拠点に、以後数年にわたる親交が続けられ、天台と真言の交流へと進展してゆく。平安仏教の発展は二人の巨頭なしには語ることはできない。

⑪ 書写山圓教寺〜長谷寺

——おんなたちの祈りの旅

●西の比叡へ

標高三七一メートル。平野部にある町なかからは、すぐにそれと目につく緑豊かな山の高み。書写山《しょしゃざん》だ。山上へはロープウェイが通じ、はるか瀬戸内を見下ろす眺望とともに運ばれていけば、下界とは隔絶された山の自然に包まれた境内が待っている。

播磨《はりま》生まれの私にとっては、ここは幼い頃からなじみの深い山だった。多くの子供がそうであるように、いかに天下の巨刹といえど、その最初の一歩というのは仏教本来の信仰ではなく、まず遠足や手近な行楽という楽しい記憶から踏み込むのではないだろうか。そして大人になるにしたがい、由緒を知って、あらためてふるさととの歴史を偉大に思うのだ。私にとっての圓教寺もそうだった。お弁当、友達、駆けて笑って遊んだ記憶。そんな他愛ないものと、そそり立つ寺の堂宇に威圧された印象とが、一緒になって刻まれている。

しかしその実、西の比叡山と呼ばれるほどの、天台道場としての格の高さ。観音巡礼では西国三十三所札所の一つであり、その規模も最大級の山岳寺院だ。

観光、行楽、そして観音めぐりの参拝と、季節を問わず多くの参詣者で賑わう境内。それは、昔もいまもここが下界とは一線を画す聖地だという証だ。遅い紅葉に全山が染まる初冬の一日、あらためて書写山へでかけてみた。

●聖なる山の聖なる人

ロープウェイ山上駅から仁王門を経て、本堂にあたる摩尼殿へ。参道はゆるやかな登りで、ありがたいことにマイクロバスの運行もあるが、備え付けの杖とともに、採るか採らないかは自分の気持ちの若さと脚力によって判断するのみだ。ちなみに仁王門を経て摩尼殿までは、山の気を浴びつつ歩いて十五分ほど。

この摩尼殿が西国三十三所観音霊場の札所であり、現在も多くの参詣者が目的地とする一山の中心だが、性空《しょうくう》上人をまつっている開山堂などがある奥の院へも足を伸ばすなら、参拝のためのテリトリーは広大だ。のみならず、大講堂、食堂《じきどう》、常行《じょうぎょう》堂と、三つの堂が合わさる場では、どうやってこれだけ壮大なものをこの山中に築いたのか、いにしえの人々のなせるわざを前にしてただ感嘆だけがこみあげる。

ここが映画『ラストサムライ』のロケ地になったのもむべなるかなで、釈迦如来像を本尊とする大講堂に向き合う常行堂は、舞殿でもあることから、現在もご本尊に向けてコンサートや能などが奉納されている。

そもそも創建は康保三年（九六六）、性空上人によると伝わるが、それより以前にこの山には、在来の神が祀られていたらしい。それは素盞嗚命《すさのおのみこと》であったようで、スサという音が転じて書写、と地名に残ったものと考えるのが妥当だろう。

実際、書写の西方にある廣峯《ひろみね》神社が背に負う白幣山《はくへいざん》は、天平時代、唐から帰国途上の吉備真備《きびのまきび》が、通過するときなにやら聖なる気配を感じ、聖武《しょうむ》天皇に奏上して素盞嗚命を祀った、とされている。古代、この一帯が、大和と出雲の通路として関わり深かった証であろうか、古い歴史を持つ播磨だけに想像は尽きない。

それから二百年ちかくたった後、霊地を探し求めて、同じように西から旅をしてきた僧、性空は、この山まで来た時、歩みを止めた。やはりそこにただならぬ気を感じたからである。

性空については、没年が九十八歳とも八十歳ともいわれるように長寿であった事実が伝わっている。それもそのはず、出家したのが三十六歳。以後、約二十年を費やして九州の霧島山や脊振《せふり》山《さん》などで修行を積み、書写山にたどりついたのは五十七歳のことだった。

すでにその名も高く響いていたのだろう、都からはずいぶん離れた地だというのに、書写に腰を落ち着けた性空のもとには多くの貴人が訪れた。伝えられる資料では、彼自身は俗事を嫌い、権力や名声にはまったく興味のない、恬淡《てんたん》とした人物であったらしい。にもかかわらず、花山法皇《かざんほうおう》をはじめ、後白河天皇や後醍醐天皇など、時の権力の頂点をきわめた皇族たちの帰依を集めた。花山法皇にいたっては、はるばるこの寺に御幸し、圓教寺の勅号を与えたうえで米百石を寄進したほど。むろん性空はこの結縁を無駄にはせず、大講堂を建立する。

同様に、多くの皇族たちの勅願によって、建物が建立されたり改築が進んで書写山は巨大な寺院に形成されていく。

先述した三つの堂は、現在国指定重要文化財として残るものの、時代とともにその形状もずいぶん変遷を経てきているが、どれももともとは修行のための道場だ。

まず、書写山圓教寺の本堂である講堂は、現在は正面七間もある二階建ての大堂だが、始まりは三間四方のお堂で、お経の講義などが行われる学問と修行の場であった。

食堂《じきどう》は、大法会のとき僧らの食事場所として用いられたことからこの名があるが、実際には学問の道場であり、僧の合宿所としての使途もあった。

そして常行堂も、本尊である阿弥陀如来のまわりを休みもとらず常に行道して祈る、厳しい行のための道場だった。

いずれも、俗世とは隔絶された山の上。ひたすら勉学と修行に励むにはまたとない環境に違いなく、それゆえ、武蔵坊弁慶が修行したという話もまことしやかに伝わって、食堂に机などゆかりの品が公開されていたりする。それというのも『義経記』に「書写山炎上の事」として彼の乱暴ぶりが伝わるからで、弁慶が居眠り中に、同僚である信濃坊戒円《かいえん》に顔に落書きをされたと知って怒り、取っ組み合いの喧嘩のすえ、つかんで投げた灰の残り火から火事になった、というものだ。弁慶が実在したかどうかは別にして、比叡山にいた僧がここでも修行したというのは、いかにも西の比叡山との呼び名に違わず、また弁慶がかかわっているなら大火事もやむなしと、納得ずくで伝わったものだろう。

●暗き道をたずね来て

皇族の帰依や庇護によって寺が維持され発展する、というのは、これまでの仏教の歴史となんら変わりがないかにみえる。しかし、国家宗教として権力とむすびついた南都から脱出し、先進の唐で学んで帰った最澄や空海によって仏教が、山岳へ、魂の浄化へ、と向かっていった平安時代は、たとえ身分高い法皇であっても、御殿から出て、みやこを遠く離れた山岳にある名刹へと旅をした。「蟻の熊野詣で」とまで言われた那智、熊野への参詣はその典型だろう。

当時の旅は、交通手段もなく、徒歩にかぎるにしても道路自体が整備されておらず、何日もかかる旅になった。まして、じかに地面を踏むこともない殿上人には、山岳を越え行く旅はどれだけ苦難続きであったことか。ロープウエイの中からその標高差を目で測れば、当時の人々のかたい決意がいっそう胸に迫ってくる。

そもそも彼らは、何を求めてこの山道をたどったのだろう。疫病、凶作、地震や津波、ちっぽけな人間の力ではどうにもならない外的な逆境のとき。あるいは、人のかかわることながら、権力や社会制度、時代の流れといった、やはり自分の力ではどうにもできない運命のふち。

そういう時こそ、人はおのれの無力を謙虚にさとり、神仏に祈るほかなかったであろう。それは身分の上下や出自の貴賤にかかわらず、人としてこの世に生まれたかぎりは等しく受ける試練でもある。だから人は、神仏に出会うために旅をする。

それは苦しくとも生きるためであり、みすみすこの世に送り出された人生をあきらめず、闇夜に救いを求めるためでもあった。

とりわけ平安時代で顕著なのは、女性の姿が随所に現れることと言えそうだ。歴史をどうこう動かす存在でなくとも、さまよい悩むのは貴人や権力者だけに限らない。また、歴史の表舞台に立つ男たちだけでもないのである。むしろ、宮中ふかく住んで、思いのままに生きる自由を制限された女性たちこそ、自分の力でどうにもできない逆境に泣くことは多かったはずなのだ。

みほとけは、こうした女たちにも、ひとしくその手をさしのべた。

圓教寺にも、一人の悩み深い女の旅人がやってくる。和泉式部《いずみしきぶ》。三十六歌仙の一人に数えられる、平安時代を代表する歌人である。一条天皇の中宮彰子に仕え、恋多き女として知られてもいるが、それは多分に、国司の女房ふぜいの下級貴族が高貴な親王たちから次々と愛されたことへのやっかみも入っているに違いない。当時は、女の値打ちはすべて身分で決められ、心根のゆたかさや賢さは二の次だった。

だからこそ、いちばん苦しんだのは本人だろう。

同じ身分に生まれてさえいれば成就できた恋。心と心は結ばれながら、社会の制度や世間のねたみによって、むざむざ抑え殺さなければならなかった魂は、いったいどうすれば安らかに救われるのか。

史実的な裏付けは置くとして、彼女が揺れまどう心のままに書写山へとやってきた話が伝わっている。

暗きより暗き道にぞ入りぬべき
　遥かに照らせ山の端の月

母の胎内、暗い宇宙の底から生まれてきたが、この世もやはり暗い道。どうか照らしてほしい、自分の進むべきその道を、書写の山にかかる月のように。

なんと苦しく悲しい歌だろうか。生きることにあえぎ、もだえる式部の心が手に取るようだ。

一方、女人の訪れと聞いて居留守を使って押し返した性空だが、この歌を見て、はっと心をつかまれる。そして、むなしく帰路についていた式部を呼び戻すのだ。

ここには、性空もまた人の痛みや苦しさがわかるヒューマニティを持った僧であることがうかがえる。彼がただ学問漬けの頭でっかちな高僧ならば、そのまま、相手が女であるというだけで、人を救うという仏の弟子たる役目を放棄していたに違いないのだ。

はたして性空は、才気煥発なこの女性にどのような教えを垂れたのか。残念ながらエピソードはそこまでで、詳細がうやむやなのはかえすがえすも惜しまれる。

●旅するみほとけたち

和泉式部が活躍した時代は、娘を天皇の后にすることで天皇との間に生まれた孫を皇位につけ、外祖父として権力をふるおうという藤原氏の摂関政治の時代だった。それには夜ごと天皇を娘のもとに引き寄せる工夫が必要で、珍しい文物、美味しい菓子といった物質作戦はもちろんのこと、教養がありウイットに富んだ頭の良い女房たちをとりそろえるのが最善策。こうして、和泉式部や紫式部は中宮彰子《しょうし》に、清少納言は中宮定子《ていし》に、というように、才女たちが中宮の周囲を固めることになる。

おかげで、それら女房たちの手になる日記文学が花開くのだが、作品中には、和泉式部のみならず、多くの女房たちが都から離れた寺院に参詣した事実が記されている。どうやらこの時代までに仏教はひろくあまねく浸透し、寺院参詣が流行のようになっていたのである。『蜻蛉日記《かげろうにっき》』の右大将道綱の母、『更級日記《さらしなにっき》』の菅原孝標《たかすえ》の娘、『枕草子』の清少納言、そして『源氏物語』の紫式部。古典文学オールキャストといっていい書き手たちが、一度ならず詣でた先の寺院とは。それは、当時隆盛をきわめた「初瀬詣で」の長谷寺だった。

現在の桜井市初瀬、大和国に位置する長谷寺は、聖武天皇の勅願によって安置されたと伝わる十一面観世音菩薩像を本尊とする古刹で、彼女たちが住んだ平安京からは牛車を用いても片道だけで三、四日かかる長旅だった。それを歩いて詣でたのは、フィクションながら『源氏物語』の玉鬘《たまかずら》だ。途中、山越えもある道のりを三日半で歩きぬき、「生ける心地もせで」ともらしたシーンには、実際に御幸した円融院の東三条女院詮子《せんし》はじめ、藤原道長や藤原実資《さねすけ》、藤原頼通《よりみち》、隆姫《たかひめ》女王《じょおう》、藤原教通《のりみち》といった高貴な人々たちみなが、実感として共感したに違いない。

そして高貴な人々のみならず、日記文学の書き手たちはこんな一風景も見逃さない。

「蓑虫などのやうなる者ども、集りて、立ち居、額《ぬか》づきなどして」(『枕草子』「初瀬に詣でて」)

身分の低い者たちの姿をビビッドに描写した観察眼はさすがだが、この頃すでに長谷寺には貴族に限らず民衆も数多く参詣し非常に賑わっていたことがうかがえ、興味深い。

長谷寺は何度も火災に見舞われているため、平安時代の様子をそのまま残すものはほとんどないが、長い登廊を上りきって本堂に入り、ご本尊の観音様の、高さ十メートルを超す立ち姿の前に出ると、やっとたどりついた、との思いは深い。これだけ時代が変遷しても、心の安寧と救いを求めて旅する人の心は、この観音様を終着点に、しばしの平安を得るのである。

●観音菩薩に出会う旅は

「仏の御なかには、初瀬なむ、日の本のうちには、あらたなる験《しるし》現したまふと、唐土《もろこし》にだに聞こえあむなり」（『源氏物語』玉鬘巻）

ゆくえしれずになっていた人たちが、初瀬の観音参りをしている最中にめぐりあう、というできすぎの話は、当時としては現世利益のたまものとして誰にも違和感はなかったようだ。それどころか、初瀬参りは外国にまで知られるほどに霊験あらたかである、と明言してはばからない。それほどの信仰を集めた観音様とは、いったいどんな存在だったのか。

観音とは観世音菩薩、もしくは観自在菩薩と呼ばれる「菩薩」であり、大慈大悲をもって世の人々を苦しみから救うといわれる。

観音が救済の手をさしのべる時は、救いを求める者が願う姿に変わって現れるといわれ、仏であったり母であったり、時には手強い敵の姿をしていたり。その数、三十三になるという。西国三十三所、坂東三十三所など、札所巡りの寺院の数が三十三あるのもそこから来ている。

そのように姿を変える観音そのものが聖観音。千手千眼観音や十一面観音などは、具体的な姿としての像といわれる。その優美な姿は、まさに救済のために現れた、この世ならぬ存在だ。いかに不信心者でも、美術や芸術の対象として眺めていたつもりが、いつか時を忘れて見入ってしまうことに気づくだろう。どんな人にも、観音の持つ慈悲は無条件で感じ取られるものなのだ。

苦しんでいる時、傷ついている時、弱っている時ならばなおさらのこと、ただそこでそうして観音と向き合うだけで、癒されている自分がそこにいる。科学万能の現代でも、観音は常に我々とともに痛み、苦しみ、涙を流して寄り添ってくれていると、信じられるからふしぎなのだ。

平安時代、仏教はより簡便でなじみやすいものとなって庶民のもとにまで降り立ち、人々の心と人生に寄り添うものとなっていた。そんな事実を、いく時代も経ていまに残る観音像の、かすかな微笑が教えてくれる。

春には牡丹が咲き競い、花の寺として賑わう長谷の寺。清少納言が、

「いみじき心おこしてまゐりしに、川の音などの恐ろしう、呉階《くれはし》をのぼるほどなど、おぼろけならず極《ごう》じて」(『枕草子』「初瀬に詣でて」)

と記した初瀬の川のせせらぎが、逆に現代人の我々には、いみじき心、仏の思いをかきたててやまず響いて流れる。登楼を上れば、隣には、姿を変えた観音様がいてくれそうな、そんな、花なき季節の参詣だった。

⑫ 石清水八幡宮〜平等院
――東の極地・日本でとけあう神と仏

●仏は神に、神は仏に

人はどうすれば心穏やかな人生を生きられるのだろう。答えを求めてさすらうのは、何も現代に始まったことではない。千年の昔、平安の世から、ずっと人々は悩みつづけてきた。そうと知れば、なんだかほっと達観できないだろうか。

だが実情は、平安時代はむしろいまよりずっと切迫していたことがうかがえる。政権が安定し荘園制度による農業国として民の暮らしが定まるにつれ、仏教がひろまり、よりどころとなっていったのはいいが、日本では「末法思想」が広く信じられていたからである。

末法思想とは、釈尊の入滅から二千年が過ぎれば仏法がすたれ、荒廃の世になるという思想をいう。実際、地震や飢饉など天変地異が続いて人々の不安は深まり、厭世《えんせい》的な思いが広まっていた。

そんな中で、人々はいかにして心の安寧《あんねい》を求め、救われていったか。その一人、和泉式部の心の彷徨は前話でも書いた。魂の闇でもがき、光を求めて、播磨《はりま》の書写山圓教寺に性空《しょうくう》上人に答えを求めて旅をした女性。ところがこのいきさつについて、興味深い資料があった。江戸時代に作られたという『和泉式部縁起絵巻』。上巻の四にはこう記されている。

「石清水《いわしみず》八幡宮の八幡大菩薩は阿弥陀如来の化身ゆえ、この神様にお祈りすればよいであろう」

性空上人がそう言ったというのだ。

実際、式部はこの後石清水八幡宮を参拝し、七日七夜のお籠もりの後、はたして夢に八幡大菩薩が現れてお告げを受けるに至る。

「私は神の道に入って久しいので、仏の道を忘れてしまった。誓願寺の阿弥陀如来なら一切衆生を極楽へと導いてくださるから、そこへ行って祈りなさい」

なんとも驚くべき話である。

鵜呑《うの》みにすれば、性空上人も八幡の神も、救うべき衆生をたらい回ししたことになるし、仰天すべきは、仏を奉じる高僧が神に、祀られている神自身が仏に、それぞれ救済のための決定打を譲りあっていることになる。

これは絵巻が書かれた江戸時代になっての作為がなせるわざに違いなく、信心を強く薦める教化の意図を割り引かねばならないが、それでも、神と仏が同じラインに並ぶ事実は動かせない。

この絵巻からは、八幡大菩薩が阿弥陀如来の化身であること、その八幡神が、化身してから長く、もう仏ではなくなってしまったことなど、日本における神仏の変遷を確かにつかみとることができるのだ。

いったい、仏はいつどのように神になったのか。そして神は、いつのまに仏であったことを忘れたのか。日本における、この奇妙な現象を考えてみよう。

●みほとけたちと神々の融合

アジアの地図を眺めてみると、つくづく日本は特異なポジションにあるとわかる。大陸で文明が生まれては消え、さまざまな人種が行き交う中で、まるでそれらの行き着く果ての受け皿のように、東の端に位置してすべてを受け止める国。それが日本だ。

それはちょうど、池の真ん中に石を投げ込んだ現象のようなもの。石が生んだ衝撃は、同心円を描いて周囲に伝わり、二重、三重、伝わるごとにゆるやかに波紋を作り、九重、十重と大きく広がり、最終の輪の上ではもっとも大きな円周を描く。日本は、その最終の円周だ。文明が最初に生じた時の烈しさもそがれ、やわらぎ、よいものだけが淘汰されて輪に残る。

仏教もその一つ。大陸の真ん中インドで生まれ、周辺に円を描きながら伝わっていくが、中国で漢字に翻訳され、朝鮮半島で鮮やかに飾りたてられ、東の果ての陸尽きる国で独自のものへと磨き上げられていく。

むろん、仏教が伝来した飛鳥時代には、日本の古来の神々と仏教の仏たちはまだ別々の存在であった。だが平安時代になると、仏教は広く一般庶民に浸透し、日本のそこここにある八百万《やおよろず》の神々との軋轢《あつれき》を生み出し始める。仏教の中にも菩薩や天部など数多くの仏たちが存在したために、いったい、神と仏、どちらが自分たちにとって御利益があるのか、どちらを祀ってどちらを捨てればいいのか、思い惑う場面が続出するというわけだ。

しかし器用な日本人はその軋轢も乗り越えていく。どちらもありがたいもの、捨てることなどできようか。いっそ一緒にお祀りすればどうだろう、と。神仏習合の発想である。

本地《ほんじ》と呼ばれるもとの仏が、違う姿になって垂迹《すいじゃく》する。すなわち、日本古来の多くの神々は、実は様々な仏が化身として日本の地に現れた権現《ごんげん》だ、とすれば、すべて辻褄が合い、納得がいく。たとえば先述の『和泉式部絵巻』で言うように、八幡神は実は阿弥陀如来の化身である、というふうに。八幡神が、八幡大菩薩、と仏の名前で呼ばれることがあるのもこのためだ。本地垂迹説とは、まことに都合の良い解釈というほかはない。

こうして、神社には仏教寺院や仏堂がセットになって建てられていく。神宮寺、別当寺、神護寺などと呼ばれるものである。

また逆に寺院の中で、仏の仮の姿である神を祀る神社が権現として営まれるようにもなっていく。まさに、みほとけたちと神々は、波紋のもっとも遠い輪の上で、戦うことなく矛盾なく、みごとに融和していったのだった。

●八つの幡《はた》に降り立った神

仏が日本で化身し八幡神となって現れた時、いったいどういう神様であったのだろう。

古い記録をたどれば、もともとは北九州の豪族国造《くにつくりのうさし》宇佐氏の氏神であったようだ。この宇佐一族を調べていくと、古代の豪族であった大神《おおみわ》氏に突き当たるからおもしろい。ご存じ、奈良の三輪山にある大神神社の、あの大神である。主祭神は大物主命《おおものぬしのみこと》。出雲、奈良で大活躍した大国主命《おおくにぬしのみこと》のことだ。英雄的な国造りをした後、天照大神《あまてらすおおみかみ》の直系である神武天皇へ国譲りすることが『古事記』に描かれている。その際、九州にまで名を残していたとは、相当な規模の勢力であったことがうかがえる。

その大神氏、宇佐一族の私物であった八幡《はちまん》神が、やがて大和朝廷の守護神になるというのは、実に奇妙なことと言わざるを得ない。結果からみて、出雲の国譲り同様、九州においても、先に定着していた古い勢力と後から来た新勢力との間で、政権交代があったということなのであろうか。神話から現実の歴史に移る記紀の時代の歴史は、想像すればはてしない。ただ興味深いのは、新勢力は、古い勢力をたたきつぶしたり消滅させたりすることなく、彼らが祀っていた神まで、うやうやしく継承しているということだ。日本人とは、破壊によらず融合によって文化を継承する民族である事実が、ここにかいま見える。

そもそも「幡」とは神の寄りつく依り代を意味するという。それが八つで八幡。八はヤマタノオロチの尾の数にもみられるように、数が多いことを表している。

風になびきはためく無数の旗。イメージとしては、戦場で敵と味方を区別するために立てた、おびただしい軍旗、ということになるのであろうか。伝説の域を出ないとはいえ、そのころ日本は大軍を率いて大陸へと出征したことになっている。『古事記』に書かれた神功皇后の三韓出兵である。その勇ましい陣中、たなびく旗に神が降臨したというわけだ。

神の名は応神天皇(誉田別命《ほんだわけのみこと》)。母である神功皇后の腹に宿ったまま朝鮮遠征の旅をともにし、天皇となる宿命を負って戦場でうぶ声を上げたという、実に劇的な出生の人物だ。

このことは、彼の誕生がすなわち神の降臨だったことを意味する。人はどんな人もひとしくその母親から生まれるが、世界を変える運命の者は、特異なドラマを帯びて生まれ来るものだ。神功皇后が応神天皇を産み落とした時、邸の上に八つの旗がひるがえったと伝わるが、まさに、陣頭を埋めんばかりにたなびく壮麗な軍旗の下、宇佐の地に、戦の勝利と輝かしい未来を約束するニューヒーローが降り立ったさまがありありと浮かぶ。

戦《いくさ》には宇佐氏もおおいに協力したのであろう。この軍勢は続々と勝利していく。

その結果、応神天皇につながる大和朝廷と九州にある宇佐八幡との関係は尋常でなく深いものになっていく。奈良で、国家を挙げての大事業、東大寺の大仏建立を行う時には八幡神の託宣を伺《うかが》い、そのたすけを受けつつ仏づくりを進めていくし、隼人の乱に手を焼いた時も、神託を仰いだところ八幡神みずからが「我征《ゆ》きて降《くだ》し伏すべし」と征討に赴くことになる。さらに皇位継承をもくろんだ道鏡事件においては、和気清麻呂《わけのきよまろ》にこれを阻ませる託宣を下すなど、たびたび奇端を現し、大和朝廷を守護しているのだ。

朝廷側でもこれに感謝し、天応元年（七八一）、宇佐八幡に国家や仏教の守護神として八幡大菩薩の神号を贈っている。

大菩薩——日本古来の八幡の神を、仏と認めた、最初の神仏習合の記述であろう。以後、東大寺にも手向山《たむけやま》八幡が勧請《かんじょう》され、全国の寺の鎮守神として八幡神が勧請されるようになって、八幡神が全国に広まることとなるのである。

平安時代、都が京都に移った時も同様だった。国家を守護するこの神を、近くに招かずにおくはずはない。都の裏鬼門である西南の方角、仏が鎮座する比叡山の対角線上に、石清水八幡宮が勧請されることになる。

●世は変われども神は変わらず

〝やわたのはちまんさん〟と親しまれるこの宮は、ケーブルカーで上っていく男山の山上に鎮座する。眼下には、木津川・宇治川・桂川という三つの川が合流し淀川となる壮大な地勢が一望の下だ。合流ポイントの先には、歴史的な決戦の場として語り伝えられる天王山が向かい合う。京と難波を行き交う交通の要地というのが一目で見てとれる。

この山に石清水八幡宮が勧請されたいきさつも、すでに神仏習合が強く匂い立つ話で、平安時代始めの貞観元年（八五九）、宇佐八幡宮にこもっていた行教律師という奈良の大安寺の僧が、八幡神の神託を受けたことによる。

「吾、都近き男山の峯に移座して国家を鎮護せん」

神みずからが託宣するのはそれまで何度となく起きた宇佐八幡の特色だ。語る神、告げる神、言葉を持つ神、ともいえよう。科学一辺倒の現代人には承服しがたい現象ではあるが、逆に言えば古代の日本人は、あるはずのない言葉を聞くことのできる〝心の耳〟を持った人々だった、といえるかもしれない。

国家鎮護の神としての崇敬が高かったことから、天皇や上皇が行った石清水八幡宮への行幸は、円融天皇以来、実に二百四十回にものぼるという。当時の石清水八幡宮の規模ときたら、現在の宮の姿からはうかがいきれないほど大きく壮麗であったのだろう。吉田兼好の『徒然草』にも、有名な一話がその手がかりを伝えている。

仁和寺《にんなじ》のある法師が、年をとるまで石清水八幡を拝んだことがないのをずっと残念に思い、ふと思い立って、一人で歩いて参詣したのだが、ふもとにある極楽寺や高良社などを拝んで、これで願いがかなったと思い込んで帰ってしまった、というものだ。山の上にもまだ立派な宮があるとは想像できないほど、それらの寺社が壮麗だったということであろう。また、神社の中に寺があってもなんら不自然でない、神仏習合の定着も見えるのだ。

吉田兼好といえば鎌倉時代の書き手であるが、そのころまでには、八幡信仰はひろく浸透していたことになる。もとより神功皇后の朝鮮出兵の折に降臨した神であったため、戦をなりわいとする武家によって、熱心な信奉を受けていたのだ。

それというのも、『将門記』には、平将門は天慶二年(九三九)に上野の国庁で八幡大菩薩によって「新皇」の地位を保証された、と記されるように、八幡神は武家をそれまでの天皇や貴族の統治する律令社会から解放する役割を持っていた。祭神が、農耕と平和を基盤とする天照大神とは異なり、戦の神であり、現状の世界とは別物の秩序を創る存在であったからである。こうして、台頭してきた武家勢力は守護神として八幡神を奉じていく。

源氏一門は八幡神を氏神とし、棟梁たる源頼義は河内国壷井に勧請して壷井八幡宮を河内源氏の氏神とした。また、その子の源義家は石清水八幡宮で元服し「八幡太郎義家」を名乗ったことで名を馳せた。鎌倉幕府を開いた頼朝も、鶴岡八幡宮を勧請し武家の守護神としたことは広く知られている。

本地垂迹においては阿弥陀如来が八幡神の本地仏とされたことは先にも述べた。それゆえ、武家が崇敬した八幡神も、僧の姿で表されるようになる。神と仏を別物として見る習慣がついた現代人の我々にはいささか不気味な印象を抱かざるをえない図だ。しかし、この「僧形八幡神」を見る限り、天照大神という女性の神を戴く信仰とはまったく違う世界が見えてくるのは明らかである。

もっとも、明治元年（一八六八）の神仏分離令によって、八幡宮も、仏教的なものをひきはがされ、大きく姿を変えてしまう。だが政府が禁じたはずの「八幡大菩薩」の神号は根強く残る。政治の力では人の心が変えられないことの証であろう。しかし、戦いの神であったがゆえに、太平洋戦争末期には陸海軍の航空基地に「南無八幡大菩薩」の大幟が掲げられたり、特攻隊員の信仰を集めたりもした。

また現代でも、競争社会はどこも同じで、この神への崇敬は強い。初詣には全国屈指の参詣者数を数えているのがその証だ。八幡神のご託宣に「世は変われども神は変わらず」とあるが、まさに、世が変わっても、競い争い勝利を願う人の心は、神に向かうのであろう。

石清水八幡宮

●阿弥陀信仰と西方浄土

武家が、その境遇の転換を狙って力をたくわえ八幡神に祈っていた頃、御殿の上の人々もまた、わが世の継続と安寧を祈っていた。祈りを捧げるその先は、みほとけである。

末法思想がひろまるにつれ、しぜん、それまで現世での救済であった仏教も、来世での救済に変わっていく。そして登場したのが浄土思想だった。苦しみから解放され、阿弥陀仏の極楽浄土に往生し成仏する来世。『仏説阿弥陀経』では、西方へ十万億の仏土を過ぎた世界が極楽で、そこには阿弥陀という仏がおわし、いまもなお仏法を説いておられる、と説く。その国の民は何の苦しみもなく、ただもろもろの楽を受けて生きる、というのだから、想像力ゆたかな平安の人々は、極彩色の夢をそこに描いたことであろう。

阿弥陀仏の「西方極楽浄土」を説く浄土教が急激に流行し浸透していくのも無理はない。貴族と一般民衆の経済格差は顕著であり、困窮した生活を強いられた庶民の間では、まさに民間信仰として浄土を願う思いが育っていくのである。

むろん、救われたい思いに貴賤の差はなくとも、現世において西方極楽浄土とはこのようなもの、と再現できる力はやはり時の権力者に限られる。貴族たちは別荘も兼ね、阿弥陀如来を本尊とした仏堂を盛んに造営する。

宇治にある平等院鳳凰堂は、その典型だ。この世の栄華をきわめた摂関家の雄、藤原道長によって建てられ、我が国の貨幣十円玉の図柄にもなって現代に伝わる。世界遺産でもあるこの建造物は、戦火や天災がいくたびとなく襲った京都において、まさに奇跡の遺産というほかはない。

苦しさから逃れ、光り輝く浄土への旅立ちを祈った貴族や民衆たちと、戦いによりみずからの力で前途を切り開こうとする武家と。

時代は、さらに違う道を開いて日本人の心をさまよわせていく。

平等院鳳凰堂

⑬ 吉野・金峯山～京都・聖護院

――修験道の聖地を行く

●走る民の遺伝子

唐突な話題からになるが、最近、私の周囲にはランナーという人種が増えた。ジムで毎日黙々と走り、事情で休めば激しく悔いて居ても立ってもいられず、次はその倍を走って取り戻す。もはや趣味というより、自身に課したノルマにひとしく、中毒に近い。だが本人は走ることで自身を磨き、がんばる自分にこのうえもなく陶酔しているのだからたいしたものだ。ジョギングだけにはとどまらず、お城や公園などアップダウンのあるコースにも出て、マラソン完走が最終の夢。おかげで全国各地、マラソン大会は市民参加で大盛況だ。皇居周辺など人気のコースは、仕事帰りにランナーたちが列なして走り、日本人を「走る国民」といってもよい風景にしてしまった。

山登りがブームというのも同じこと。

毎朝、家の近所の裏山に上って朝日を拝み、休日ともなると遠出で地方の最高峰へ。体にいい運動として適度だし、森の景色も楽しめるうえ、山頂をきわめた達成感はなにものにもかえがたい。おかげで女性や中高年にまでポピュラーになり、富士山頂付近は登山者たちで大渋滞、というありさまだ。

いったい、日本人は、なぜ走るのか、なぜ山の高みをめざすのか。

その原点を探るのは意外に簡単だった。

日本には修験道《しゅげんどう》という、日本独自のスタイルがある。深山幽谷を行き、尾根道を走り、そうすることで自らを磨き鍛える過酷な修行。そう、登り、走るという、ストイックなまでの現代日本人の国民的趣味は、何百年もこの国の地表を駆けてきた先人達の遺伝子に由来するのではなかろうか。人間と大自然とが交わり生きてつないだ道。それを、ここでたどってみたい。

●吉野——日本が生んだオリジナルの仏

標高千数百メートル級の急激な山々が尾根を連ねる紀伊半島中部。和歌山県・奈良県・三重県にまたがる山また山の領域には、吉野・大峯、熊野三山、高野山という三つの霊場があり、二〇〇四年七月八日には「紀伊山地の霊場と参詣道」としてユネスコの世界文化遺産に登録された。

これら三霊場のうち、北に位置する吉野・大峯は、修験道の聖地中の聖地である。

地図を見れば鬱蒼《うっそう》たる山を表す等高線が幾重にも重なる山脈だが、正確には、北部は「吉野」、南部が「大峯」という位置づけになる。

山岳での実践行を重んじる修験道では、吉野からこの大峯に入って苦行を重ねながら踏破することを「峯入り《みねいり》」と言い、熊野をめざす巡礼は「奥駈《おくが》け」と言って、もっとも重んじられる修行とされている。

そもそも大峯山という名の山はなく、山上ヶ岳から熊野に至る山系全体を大峯という。そしてこの山上ヶ岳を含めた尾根から吉野川河岸まで、南北に続く山稜を総称して金峯山と呼び、吉野は河岸から約八キロの領域をさして言う。

吉野は、地域ごとに下千本、中千本、上千本、奥千本と呼んで区分けする桜の名所。目に入る桜の数を千本単位で数えるほどのおびただしさは、花咲き誇る春には圧巻だ。

桜は日本人が好む花で国花でもあるが、歌舞伎や文楽の人気演目『義経千本桜』でも、満開の桜に彩られた吉野は、静御前の道行きでもっとも華やかな場面となる。

古来、吉野では桜は霊木であり、信心深い人々が祈りをこめて献木してきた歴史が、全山を三万本とも言われる桜の山にしたのだ。

この吉野の象徴的存在が金峯山寺《きんぷせんじ》だ。開山は役行者《えんのぎょうじゃ》。七、八世紀の人とされ、伝説の域を出ないとも言われるが、各地の霊山という霊山には彼の足跡が残っている。ここ吉野にも、道なき道を踏み分けて入り、修行ののちに、金剛《こんごう》蔵王《ざおう》大権現《だいごんげん》を感得したと伝わる。

重要文化財である蔵王権現像は秘仏であるが、国宝仁王門の修理勧進《かんじん》として向う十年間、特定期間のご開帳を実施中で、さっそくお姿を拝ませていただく幸運に浴する。

全部で三体、青く彩られた忿怒《ふんぬ》の相で見下ろす約七メートルの高さの像は、迫力に満ち、圧倒される。三体それぞれ、いまにも動きだし、嵐のように駆け出しそうな勢いだ。

三体もあるわけは、それぞれ、現在、未来、そして過去を表す仏だからという。

「仏教ではふつう、いまを生きる〝現世〟、そして死んで後の〝来世〟が大事であって、祈りも、現在と未来に重きを置くものです。でも、ここには〝過去〟をつかさどる権現様もいらっしゃる。人は、いきなりいまの生を受けたのではなく、先祖が生きた過去があってのことと表しているのですね」

ご案内いただいた金峯山寺宗務総長の田中利典さんの説明に、急に権現像が近しくなった。

盆や彼岸に先祖供養という概念はあっても、過去からの命につながれていまの自分があるという発想は忘れがちだ。それゆえ惜しげもなく命を絶ったり奪ったり、世間に悲惨な事件は後を絶たない。自分の生が過去から引き継がれたものと意識すれば、そうそう命をおろそか

金峯山寺蔵王堂

にできようはずもないものを。そっと手を合わせると、過去があっていま生かされていることがただありがたく思えてくる。結局、過去を思うというのは、生あることに感謝することなのであろう。

田中さんにはひき続き、

「蔵王権現様は、修験道独特の仏であり、日本オリジナルのほとけなのですよ」

と教えられた。考えてみれば、修験道そのものはインドにも中国にもなく、日本独特の自然崇拝と結びついて発達した信仰だ。現に金峯山寺は「金峯山修験本宗総本山」となっており、町なかにある一般的な仏教宗派とはどこかイメージを異にしている。

「私たちは僧侶ですが、山伏でもあります」

そういえば田中さんのいでたちは、普通の僧侶とは違う。鈴懸《すずかけ》という白装束に手甲《てっこう》、脚絆《きゃはん》、胸には結袈裟《ゆいげさ》をかけ、頭には頭襟《ときん》。ホラ貝と錫杖《しゃくじょう》を持ち、尻には岩場修行の時に役立つ引敷《ひっしき》を下げた、独特のスタイルだ。お話の時は温和で開放的な田中さんのおもざしが、権現様に向かって祈祷をするとなると一変、眼光鋭い山伏の片鱗をかいま見る。

「日常はそれぞれ普通の仕事を持って普通の生活を営む普通の人ですが、いざ山へ入って修行となると山伏というわけです」

なるほど、山では別人になって雄飛するという意味では、伏せる場所は山中ではなく、日常のほうなのかもしれなかった。

●おのれを磨く修験道

山伏。またの名を、修験者ともいう。修行して迷いや妄執を払い、あらたかな徳や力を験《あら》わす者、という意味だ。

なぜ山へ、と問うまでもなく、国土の七割を山に覆われた日本では、全国どこへ行っても山があり、手近な鍛錬の場にすることができる。そしてそれらたいていの山に、山伏たちの足跡はある。峻険な峰のいただきに、溢れほとばしる滝壺の上に、また、絶海の孤島の岸壁の果てに。犯すべからざる神聖な地を彼らはみいだし、まず注連縄《しめなわ》を張って人間世俗と切り分ける。そこへ、いったい誰が、どこからどうやって運んだのか、神々が通る鳥居を構え、あるいは里と変わらぬ堂宇が築かれてあるのだ。

つくづく日本人とは、人の力を卓抜し切った大自然の中に、神を見、仏を感じる民族なのだと実感できる。だからこそ神や仏たちに出会うため、累々と山をめざし、道を駆けた。

獣も行かぬ奥山をきわめ、峰から峰を駆けておのれを磨く。修験道はそのようにして生まれていった。盛んに信仰され始めるのは平安時代頃からだが、それはちょうど空海や最澄が密教をもたらした時期と付合する。もともと密教とは、人の世の煩悩が集中する都を離れ、心洗う山岳を道場とする思想だったから、日本古来の自然崇拝と結びつくのはたやすかったろう。さらに道教の神仙思想も盛り込まれ、独自の立場が確立されていった。

修験道開祖の役行者は、在家のままで終生を通したといわれる。そのため、各地に伝わるどの像を見ても、姿は頭を丸めた僧侶ではなく、肩までの長い髪をもった在家の姿で象《かたど》られている。修験者が必ずしも僧侶ではなく、ふだんは普通の仕事に就いて普通の暮らしをしているというのはそのためだ。

●金峯山寺をあとにして

ロープウエイを「吉野山」駅で降り、みやげ物屋が並ぶ門前街をゆるゆる上ると、見えてくるのは、威容を誇る仁王門。国宝である。そして、それと背中合わせに建っているのが、同じく国宝、修験者たちの本尊である蔵王権現をまつった蔵王堂だ。どちらも屋根が優美に反り上がり、堂々たる構えの存在感だ。

創建以降、幾度も焼失し十四世紀に再建されて今日にいたる。仁王門は下界からお参りする人々を迎え、蔵王堂は大峯から巡礼してきた人々を迎える表裏一体の配置。それぞれの道を行く人々の壮麗なる道標だ。

蔵王堂は正面五間、側面六間、高さ約三十四メートルという壮大さで、東大寺大仏殿に次ぐ木造大建築だ。ささえる柱もみごとに太く、杉にしても檜にしても、おそらくいま建てるとなるとこんな大木はみつかるまい。おもしろいことに鬼門にあたる東北の柱は梨の大木。つまり、鬼門ナシ、というのだからシャレのわかる施主である。

その施主というのはほかの寺院によくあるような歴史上の有力な権力者というのではなく、全国に散らばる名もなき信者の総結集による普請《ふしん》だというから、その数、その勢力、おそるべきものであったことがしのばれる。

事実、かつての金峯山寺の寺域は吉野一帯にひろがり、その一角にある吉水神社なども、もとは金峯山寺の格式高い僧坊だった。明治の神仏分離によって神社となったわけだが、時の流れや社会の変化は、大きく吉野を変貌させたのだ。東南院、竹林院、如意輪寺と、巡っていけばかつての勢力や栄光がうかがえ、想像は尽きない。

後に天武天皇として即位する大海人皇子《おおあまのみこ》が籠もったことや、旅に生きた西行がここの桜を愛でたこと、南朝の柱であった後醍醐天皇の行宮があり、また、豊臣秀吉の花見の本陣が置かれたことなど、幾多の人がここを訪れ、歴史の表舞台とした跡も少なくない。

やがて奥千本から金峯神社を経て、ついに女人結界の標まで行けば、そこからはいよいよ峯入りの始まり。聖なる領域が控えている。

●女人結界のそのむこう

日本国憲法には高らかに、男に生まれようが女に生まれようが、人はだれもが同じ命の重さと権利を持っていると書かれている。男女平等の世になって久しく、二〇一二年のロンドンオリンピックでは、日本は女子選手のほうが大活躍。レスリングや重量挙げ、柔道やサッカーなど、かつて女子には無理と言われたハードな種目でのメダルラッシュだった。

こんな時代に、まだ女人禁制を解かずにいるのが大峯だ。高野山もかつては女人禁制で、そのため各地に女性でもお参りできる「女人高野」が開かれた。しかし、明治の初めにその禁は解かれた。大峯は、いわば女性が立ち入ることができない、最後の聖地なのであろうか。

あらためて大峯を仰ぐ。吉野から発して熊野に至るその尾根筋には、拠点となるべき寺院や神社が多数あるという。途上、鎖を伝わないと行けない峻険な崖や絶壁もあり、これら数々の行場を越え、冬期は氷雪に閉ざさる険しい峰々を行かねばならないのだという。

「……という」と、人から聞いた伝聞体でしか言えないのは、ここが女人禁制である以上、女の私が入ることができないためだ。もっとも、そうでなくとも、そんな険しい奥山を駈ける自信はまったくないけれど。

「まあ、考え直さなあかん時期やとも思います」

みやびな京言葉で、女人禁制についての持論を語ってくださったのは聖護院門跡《しょうごいんもんぜき》門主の宮城泰《みやぎたい》年《ねん》さんだ。ただし、男女平等の世だから、という単純な理由からではない。

「女人禁制だけを守らせるんなら、それと同じくらい厳しく、他の禁制も守るべきとちがいますかな」

まったくだ。なぜに大峯が女人禁制だったかという原点に返れば、それは修行に入るに当たって仏教の五戒が重んじられたから。いわゆる不殺生《ふせっしょう》、不偸盗《ふちゅうとう》、不妄語《ふもうご》、不飲酒《ふおんじゅ》、そして不邪婬《ふじゃいん》の五つである。しかし現代、酒は山上で買えるし、つまみに魚肉類を持参する修験者もなきにしもあらずとか。それでいながら不邪婬戒に基づく女人禁制だけを固守するならば、本来の戒律を守る修行をすべきであって、それが守れないなら開放するべし、との言なのである。

こうした宮城さんならではの、おおらかでありながら思わず襟を正されるお話を聞かせていただきに、京都市内にある聖護院へと出かけてみた。

●聖護院から遠い吉野を思うとき

聖護院、と聞けば、この寺院の名を冠する聖護院大根や聖護院八つ橋を連想する人も多いだろう。もとはといえばそれぞれ聖護院村で作られていたことに由来している。

その聖護院とは、代々、皇族男子で出家後に親王宣下を受けた法親王が入寺し、高い格式を誇った門跡寺院だ。江戸時代後期には内裏が炎上した時、天皇が一時期仮皇居として使用したことが二度もあり、ふすま絵や、書院の軒や、うまく昼の灯りを取り入れた座敷のすみずみにまで、ゆったり澱《よど》む歴史の風格が感じられる。しかしその優雅さとはうらはらに、「本山修験宗」総本山で、日本の修験道の中心寺院の一つでもある。本尊は不動明王。

平安の昔、白河上皇の熊野詣《もうで》の折に先達を務めた功績により、熊野三山霊場の統括責任者ともいうべき熊野三山検校《けんぎょう》に任じられたのが熊野との縁の始まりだった。以降、熊野の修験組織はここの支配下にあったと言っても過言でないほど、重要な寺院であった。

修験道は、近世にもなると、相当な勢力となっていたようだ。江戸幕府は、慶長十八年（一六一三）に「修験道法度」を定めたほど。その中で、修験道は、真言宗系の当山派と、天台宗系の本山派、どちらか一つに属さねばならないことになった。幕府はまんまとその勢力を分割したのである。聖護院はこのうちの本山派の中心寺院であった。

それにしても、こんな京の都の真ん中にいて、遠く神仏のいます山とは、どんな意味を持つものなのか。

宮城さんは、個人的にヒマラヤへもトレッキングするほどの登山愛好家だ。趣味でたびたびと足を運ばれるという外国の山と大峯の違いを聞いてみた。

「そりゃあ大峯の方がきついですな」

とあっさり、即答。

ヒマラヤでは登る人のペースに合わせ、今日はそろそろここまでと決めたら、適当な場所でテントを張ってその日は終わり。一日の歩行時間は短い。しかし大峯では、出発すれば太陽があるうちに次に到着しないととっぷり暮れた夜の闇を行くことになるため駈けざるをえず、しぜん、過酷な行程になるという。

若かりし日、タカをくくって近道しようとしたことがあり、聖域の森に迷い込んで、あわや遭難ということがあったという。

「靡八丁《なびきはっちょう》、と山伏法度で禁じられた、木を伐ってはいけない〝斧入れず〟の森でした。そうやって尾根の左右八百メートルは木を伐ってはならないとされているから、ふもとに洪水もなく山が守られているんです。そんなとこへ迷い込んで、助かって、それは偶然ではない、やっぱり神仏に生かされてる、と思いましたな」

〝靡〟に象徴される、山におけるさまざまな取り決め。それは、人が命を介して自然から得た、知恵と経験の集大成なのだろう。

だが明治の始めに政府によって修験道が禁止されたことで、長い歴史で培われてきた修験道本来のありようが、断絶したり散逸した部分も少なくない。それでも、山に対する宮城さんのおおらかな自然観を聞いていると、冒頭に述べた「山をめざす日本人」「走る日本人」のルーツは、やっぱりここにあるのだという確信が持てた。日本人とは、ある意味、山伏たちの系譜であるのにちがいない。

⑭ 生田神社〜葛井寺

——航海に祈りをこめて　瀬戸内海に臨む神仏

●瀬戸内は外国につながる通路

四方を海に囲まれた日本。まだ大和朝廷が形をなさず国家というものが明確に統一されなかった時代には、そこは、大陸沿岸や半島、諸島を人が自在に行き来する、まさに国境なき一大海洋エリアのパーツの一つであったにちがいない。九州、畿内と大陸とは、想像以上の頻度で往来があったこと、影響を受けあったことは周知の事実だ。

とりわけ、荒波を乗り越えてたどりついた船を大河のようなゆるやかさで迎え入れる瀬戸内は、古来、通路のような役割を果たした。通じる先は河内——いまの大阪だ。そこにはさまざまな民族がたどりつき、各自の文化にもとづいて暮らしを営み、さらにうまく棲み分けるために川を伝って内陸の奈良へ、新たな土地を求めて旅しただろう。ある意味、当時の日本は、国際化というより、多様性を受け止めるための究極の陸地、行き着く果てのユートピアであったと想像できる。それらが少しずつ融和し統一されていっても、ふたたび海を渡って大陸へ往来することは、かなり自然に行われていたようだ。

とはいえ、その行程の壮大さ。いまのように俊足の航海技術もない時代、何日もかけて波濤を超えて行く旅がたやすいものでなかったことはよくわかる。

数年前、私も、日本丸という現代技術の粋を集めた大型客船に乗って神戸港から中国へ旅したことがあるが、外洋では船酔いしたまま動けなかった。なにしろ香港まで三日かけて行くのである。同じ距離を四時間ばかりで行く飛行機のある時代に生まれてよかったと、何度思ったことかしれない。

海洋国、日本。海を経ずして外界には赴けなかった位置を再認識し、航海に賭けた人々の願いをさぐってみたい。

●海に祈る

『日本書紀』では、神話の域を出ないながらも神功《じんぐう》皇后の大航海がまず目を引く。船団を組み、半島へとはるかに海を渡って進出していく姿はあながち空想だけとは言いがたく、おそらくモデルとなるべきできごとがいくつかあって、一衣帯水、わずかに陸地を分ける海峡を、彼らはまるでひとまたぎする感覚で超えていったのであろう。

現にその後も、聖徳太子が送った遣隋使や、白村江《はくそんこう》の戦いの折の斉明天皇の船団など、国家の事業というのに海を越えることはさほど大きな障害にはなっていない。

ただし、そのように頻繁ではあっても、けっして容易ではなかったのが海の旅だ。遣唐使船が、四隻行けばそのうち必ず一隻は難破したことはよく知られる。

くだんのスーパーヒロイン、神功皇后も、船が進まず難儀した海外遠征の旅を終え、瀬戸内を通り大和へと帰る。その途上のことである。いまの神戸のあたりで船が進まなくなったのだ。天候の変化で風がなく潮の流れも止まって、人の力ではどうすることもできなかったのだろう。

古代の人々はこういう時、人力で動かせぬ限界を謙虚に悟り、あとは神の力にゆだねる。すなわち、自然の力をたのむのである。皇后の船団も、この苦境のわけを神に問う。いわゆる神占である。

すると、天照大神の和魂《にぎみたま》とも妹神とも言われる稚日女尊《わかひるめのみこと》が現れ、

「吾は活田長峡国《いくたながをのくに》に居らむとす、とのたまふ」

つまり、「私は活田長狭国に居りたい」とおっしゃった。そこで、海上五十狭茅《うながみのいさち》を神主としてお祀りしたというのである。

この女神は、文字通り稚くみずみずしい日の神を意味する。つまり、地上に生まれた万物を守りその成長を加護する神である。

その出現により、翳《かげ》っていた天候が回復し、風が生まれ潮が流れ始めて、船を推進するすべての力がよみがえったことが読み取れる。

そして、活田――。それがいまの生田神社である。文字からすれば、活き活きと生命力のみなぎる地、というイメージだろうか。実際、現代でも、神戸三宮のもっとも賑やかな繁華街に位置し、夜ともなればネオン輝き、人々の往来がとだえぬ眠らぬ町のシンボルになっている界隈だ。

この神社の存在が神戸という名の語源になったことは、平安時代に著された『新抄格勅符《しんしょうきゃくちょくふ》抄《しょう》』に見ることができる。すなわち、大同元年（八〇六）、神社に奉仕する封戸《ふこ》である神戸《かんべ》四十四戸が朝廷より与えられた、という記述がそれだ。この一帯を社領とした〝かんべ〟が時代を経て紺戸《こんべ》となり、ついには「こうべ」になった。なるほど、神戸は生田神社あっての地であるのだ。

三宮という地名も、そもそもはこの生田神社の三の宮――一の宮神社、二の宮神社など、いまも街なかに祀られている神社に由来する名前なのである。

また延喜式には、生田神社に各地から稲が集められて、神職によって酒が造られていたことが記されている。海の通路である瀬戸内という位置にあることから、毎年海を渡って訪れる新羅《しらぎ》からの使者には、ここを通過する際、酒をふるまったという。それが、灘五郷の酒造りの起源だ。

境内には酒造の神である大山咋神《おおやまくいのかみ》を祭神とする松尾神社も祀られている。ほかに、地元飲食店や食品関連企業などの寄付で作られた包丁塚があり、玉垣に刻まれた寄進者名には、ホテルや海運関係の企業がずらり名を連ね、神戸の主産業からの信仰の篤さがうかがえる。

人生は、よく航海にたとえられる。幾多の試練や障害を越え、挫折にうずくまりながらも波を越えて進んで行く。そんな人生の航海を、地上に降り来た女神がここ生田から守護していることを、無信仰と言われる現代人がなお篤く受け止めている姿がここにある。

●神々の受難

創建当時、この神社があったのはいまの新神戸駅の奥、布引山にある砂山《いさごやま》だった。沖を行く船を見守るには、そこがもっとも視界がよかったからだ。

ところが延暦十八年（七九九）、山全体が崩壊するほどの大洪水にみまわれる。そのため、御神体を安全な場所に移したのがいまの生田の森だった。

山が海に迫った神戸では、以後も何度か山崩れの災害が起きており、生田神社の移転は先人たちから伝わる重要な防災メッセージともいえる。たとえば昭和十三年（一九三八）には阪神大水害があり、谷崎潤一郎の『細雪』にも被害の甚大さが描かれている。また先年、六甲山から流れ落ちる都賀川が急に増水したことで数名の方が命を落とすという痛ましい水害もまだ記憶に新しい。

延暦期の大洪水時には、当時たいていの社寺がそうだったように、社の周囲には松の木が植えられていた。ところが山から水が流れ出すと、それらは洪水を防ぐのにまったく役にたたず、次々なぎ倒されて流木となり洪水と一緒になって麓を襲ったのである。

その故事から、いまでも生田の森には一本も松の木はない。かつて能舞台を有した時も、ルールとして鏡板には松を描くことが能楽の決まりであるにもかかわらず、頑として杉の絵を描いたほどの徹底ぶり。さらに、元旦には門松は立てず杉飾りを立てるというのも笑みを誘う。人々は、神に安全な暮らしを祈るだけでなく、このようにして災害の悲惨さと防災への戒めを語り継いできたのだろう。

ところが水害だけではない。この神社は神戸とともにその後何度も天災人災に見舞われる受難に耐えた。

昭和二十年（一九四五）の神戸大空襲では、終戦までのわずか八か月の間に神戸は百二十八回もの空襲を受けた。中でも三月の絨毯爆撃《じゅうたんばくげき》は市街地にくまなく爆弾を落として、都市部の二割以上を壊滅させた。死者は八千八百三十一名、負傷者は十五万人、家を焼失した市民は六十五万人とも数えられる。人口や面積から換算した被害率では、当時の五大都市の中でも最悪であった。

むろん、その市街地に市民とともにあった生田神社も、その無差別な爆撃をまぬがれることはできなかった。石でできた玉垣をわずかに残して社殿も鳥居もすべて全焼、見渡す限り黒焦げの火事場と変わり果てる。

このとき宮司が命からがら担ぎ出した御神体は、終戦を迎え、バラック作りの仮本殿にまず祀られたが、焼け跡となった境内はその日の食を得るため神職たちが耕した芋畑となり、あるいは焼け出された市民の避難所となって、復興の時を待つ。鳥居が再建され本殿がいまのかたちに整うまでには、実に十四年の歳月が必要だった。

しかし運命はさらに苛酷だった。せっかく復興を果たしたその本殿も、平成七年（一九九五）、阪神淡路大震災で全壊する。

●何度でもよみがえる神　生まれ変わる神

生田神社がもとあった砂山は、多くの山がそうであるように役行者《えんのぎょうじゃ》によって開かれ、修行の場として滝勝寺が創建された。山は日本人にとってまたとない聖域であり、清流を落とす布引の滝は、汚れを清める象徴として重んじられた。平安時代には弘法大師によって七堂伽藍を構える壮麗な寺院であったというから驚かされる。長い歴史の中で権力の栄枯盛衰に弄《もてあそ》ばれて焼失し、昔の姿を知るよすがはもうないからだ。

おそらく神仏習合により、生田神社とは別当寺ともみえるような交流があったとみられる。もっとも、寺の衰微にともない、確たる裏付けとなる文書は残っていない。それでも、ほとばしる滝の生命を仏の権現とする仏教観は、神功皇后以来、雨止めや雨乞いなど天候にかかわる太陽神として信仰を集めていた生田神社とすんなり結びつく。また、神社の境内には大日堂があったことも事実のようで、祀られていたのが仏教における太陽信仰を表す大日如来であったことは、主神である稚日女尊との本地垂迹《ほんじすいじゃく》に矛盾しない。

とはいえ、盛者必衰の理《ことわり》の下、平地に降りてきた神社だけがいまも変わらず市民から親しまれる祈りの場として受け継がれているのは、やはり稚日女尊の力であろうか。

つねに若々しい命の女神。育ち、生い立つものを加護する神。だからこそ、震災によって轟音たてて全壊した社殿も、さらにふたたび生まれ変わることになるのだ。いま、生田の森をバックに甍《いらか》をそびやかす朱の拝殿こそ、あの日燃えた神戸の復興のシンボルであるのはまぎれもない。

何度でもよみがえり、もとある以上に艶やかに生まれ変わる。生田神社は被災を超えて、まさしくよみがえる神、つねに若く新しい生命力を持つ神として、現代の世になお崇敬を集めている。

生田神社でお祓いをうける筆者

●大阪湾のふところで

さて、神戸の沖を過ぎ、船が行き着く地点は大阪湾だ。

ただし、いまの地図で古代の大阪を思い浮かべてはならない。当時は海水域は大阪平野の奥深くまで入り込み、東は生駒山西麓にいたるまで広大な河内湾が広がっていた。その南側から半島のように突き出ていたのが上町台地だ。やがて台地に砂が積もって、海水を囲い込むように潟が作られていく。河内、といわれる地名はそのせいで、文字通り内湖をなしていたのが大阪だったのである。

外から来た船は湾の中をなお進み、陸地に突き当たって初めて下船することになる。この地に住み着いた渡来人が「船」や「津」といった姓であったり、また地名にも舟運に関連したものが多いことも、当時ここが外来の人々の上陸地だったことを示している。

そんな船旅の終焉地に、葛井寺《ふじいでら》は建てられた。創建は神亀二年（七二五）、聖武天皇の勅願で行基が手がけた古刹である。山号は紫雲山。

もっとも、寺にはそう伝わるものの、実際には百済王族の子孫である渡来人系の葛井（藤井）連《のむらじ》の氏寺であったことが推定されている。

河内湖が、いつしか砂が堆積して海が後退し、すっかり陸地になったように、その歳月とともに、この寺も大きく変貌をとげるのだが、平安初期、寺を再興したと伝えられる阿保親王の母も藤井氏であった。遣唐使が廃止されると、もはや渡来も在来もなくなっていくが、古代からの縁はとだえることなく受け継がれていたのだろう。

さらに時代が進んで観音信仰がさかんになると、葛井寺は霊場として知られるようになり、西国三十三所観音霊場の成立後はその一つに数えられるようになっていく。

ご本尊の千手観音は日本に現存する千手観音像では最古のものの一つであり、唐招提寺、三十三間堂の像とともに三観音とされる有名な像だ。むろん秘仏で、毎月十八日にしかお目見えできない。開扉されるや、四方に広がる千本の手で迷える衆生を救うべく、大慈悲を示したその静かなるたたずまいが、一瞬にして見る人々を魅了する。

なんといっても、その手の数が、本当に千本あるのが他とは異なる。普通は四十本の手で「千手」を代表させるものが多く、実際、四十本もあれば、胸元で合掌している両の手と合わせ、じゅうぶん千本ほどに見えるのだ。

彫刻の技術から見ても、これだけの重さのものをバランスよく作ったことはもちろん、正面から見て本当に像本体から千手が生えているように見せるところにも感心する。

建立については定まった見解はないらしい。だが、天平十二年、天皇の補佐役として人臣で初めて太政大臣に上った藤原広嗣《ふじわらのひろつぐ》が乱を起こすという、驚くべき事変に関連して作られた、との説に私は惹かれる。時の天皇孝謙帝は、勅願により国ごとに観音像を造らせ観音経の写経を行わせることによって国家の危機を治めようとした。いかにも仏教による国家鎮護を政策とした天皇らしいではないか。葛井寺の観音像はこの折のものに違いなく、天皇家の信頼篤い葛井寺だからこそ拝命し、空前絶後の観音像を作ったのだとすれば納得がいくのだ。

●異国で果てた若者に捧ぐ

この藤井氏から出た無名の若者の名が、最近、にわかに注目を集めることになった。

若干十九歳で養老元年（七一七）の第九回遣唐使として、彼が乗り込んだ使節団の中には、中国人でも合格するのが難しい科挙《かきょ》に合格し玄宗皇帝に重用された阿倍仲麻呂もいたし、帰国後に大活躍した吉備真備《きびのまきび》の姿もあった。

唐で彼が名乗った名前は中国風に「井真成」。和名は「井上」なのか「葛井」なのか、いずれにせよ渡来系であることはまちがいない。仲麻呂ほどではないにせよ、真成も殿中省尚衣局の長官である従五品の官まで上ったことが明かされている。だが無念にも中国の地に倒れ、二度と日本の土を踏むこともなく、その存在を忘れ去られた。

ところが近年、西安市内の工事現場で、遣唐使の一人とおぼしき日本人の墓誌が発掘されたのだった。三十四・五センチ四方の石板で、そこには十二行百七十一字の文字を費やし、この井真成が開元二十四年（七三六）に三十六歳で亡くなったこと、長安南郊の万年県に埋葬されたことなどが刻まれていた。

「公姓は井、字は眞成、國號は日本。才は天縱に稱《かな》ひ、故に能《よ》く命を遠邦に■し、騁を上國に

馳せり。禮樂を蹈《ふ》み衣冠を襲ひ、束帯して朝に■すること、與《とも》に儔《なら》び難し」（■は不明な文字）

日本人・真成は、生まれながらに才たけ、選ばれて異国へ遣わされたが、中国の礼儀教養を身につけ、中国の風俗に同化し、みごと役人になって、正装して朝廷に立ったなら、並ぶものはなかった——。

続きには、皇帝（玄宗）が彼の死を悼んで栄誉を称え、葬儀は官で執り行わせた、とある。よほど信頼され、愛された人物であったことがしのばれる。

「井真成」の墓誌拓本

「形は既に異土に埋むれども、魂は故郷に歸らんことを庶《ねが》ふ、と」

そう結ぶ墓誌の文章は、国や時代を超えて、我々の胸を打たずにいない。その想いどおり、異国の土に千年以上も眠り続けた彼の魂とともに、二〇〇四年、墓誌は海を渡って日本へ帰り、その拓本が葛井寺に安置されている。

人の寿命の何十倍もの長い時間をこの寺に在って、世の変遷を見下ろしてきた千手観音。その手のどれかに、きっと彼の心も掬われたことを信じたい。

⑮ 荒神さん、祇園さんに天王さん

――祟《たた》る神と荒ぶる仏

●神が身近にいた時代

平安の世ともなると、仏教はもはや権力者たちや支配層だけのものではなくなって、身分的にも地域的にも、かなり広範に深遠に、日本人のすみずみに浸透していった。

とはいえ、まだまだ人々は土着の神とも深く結びついていた。

嵐に落雷、地震に津波、ひでりや干ばつ、疫病など、恐怖にふるえ身をおびやかすほどの天変地異が起きるたび、人が本能的にイメージするのは神々だった。そのわざわいがどうにも理由が立たない奇怪なものであればあるほど、神々を抜きにはその現実を納得できるはずもない。そしてそれらの神々はみな、怒りや祟《たた》り、懲罰を行うといった、感情を持った存在として理解された。

〝疫神〟というまがまがしい響きを持つ神がそれである。

人は、どうしたら神々を怒らさずにすむかと身を慎み、謙虚に生きることにいそしんだ。「触らぬ神に祟りなし」という諺《ことわざ》には、できるだけ慎ましやかに、自然と調和し安寧に生きようとした腰の低い姿勢が表れている。科学万能でおそれを知らなくなった現代人が、とうに忘れ去った生活感ともいえよう。

では人々が恐れた神とはどんな神か。そしてどう折り合いをつけ、生きたのか。我々が忘れてしまった〝神を感じる心の目〟を、さがしに出よう。

●暮らしの中で荒ぶる神

文化的な人間の暮らしは「火」を手にしたことから始まっている。暖を取る火、食べ物を煮炊きする火、そして暮らしから出る廃物を処分する火。これを使いこなすことが、日々の生活の基本になっている。

とはいえ、人の暮らしを格段にゆたかに便利にしてくれる火は、もとは自然界に在るものであり、一つ使い間違えれば災害にもなる。火へのおそれといましめは、家の中で何より優先されねばならないことだった。

そういえば、とおぼろげながら思い出されてくる風景は、子供の頃、まだ台所に「おくどさん」と呼ばれる竈《かまど》があった昭和三十年代のわが家である。台所には壁の上方に荒神棚という、他の神様を祀った棚とはまた別の、独立した神棚が祀られていた。母は、塩や水や荒神松を供え、きちんと整えるのを習慣にしていたが、毎月晦日《みそか》には荒神祓いといって竈の掃除もしていたようだ。台所はどこより清浄な場でなければならないことから、道具はもちろん床の不浄を掃くのとは別のもの、荒神箒《こうじんぼうき》という、このためだけの箒で掃き清める。

幼なすぎて何もわからず、ただ母の後ろ姿を眺めていたが、実はわが家は、隣家からの出火で全焼し、すべてを失った苦しい体験があるのだった。

その時私は生後四十日の乳飲み子で、母はまだ小学生の姉と私、二人の子供を燃えさかる火事の現場から無傷で連れ出すことでせいいっぱい。着の身着のまま避難した後、力尽きて熱を出し、ショックで母乳も止まって、あわや私も育たないところだった。

火はおそろしい。身をもって知らされた人だからこそ、再起し復興していく多忙な日々の中で熱心に神に祈り、ただ家内の安全だけを願ったのだろう。

そういえば同じ荒神棚に、火箸が祀られていることもあった。どうやら厄除けのためのものらしく、節分の時、荒神さんにお参りして奉納するのである。火は、大切な財産や人の命も飲み込むが、穢れやわざわいすらも選ぶことなく焼き払う。そんなことから、竈の神様である荒神さんに火箸で厄をつまみ出してもらう、という発想だ。母が熱心に通って行ったのは兵庫県宝塚市の清荒神《きよしこうじん》だったが、奉納所にはぎっしり、数え切れない大小の火箸が収められているのが壮観だった。

子供の頃に母に連れられて見た風景は、どれも印象的で、いま思い出しても色あせない。日頃の不信心を大いに反省しつつ、久しぶりに訪ねてみた。

●神仏が習合した清荒神清澄寺

阪急電車の駅名にもなっている清荒神。

子供心に、電車を降りてからの参道の長さと賑わいはいつ来てもお祭りのようだと目を見張り、道中、さまざまな品を売る露店がひしめきあうのに心をそそられながら歩いたものだ。車社会となったいまは、広大な駐車場が途中にあり、高齢者や体の不自由な方でもショートカットで参詣できるようになったのが大きな変化と見える。

やがて露店が尽きると、「日本第一清三寶大荒神王」と刻まれた石標が現れる。榊の木に荒神さんが姿を現したという寺の開創談にちなみ、宇多天皇が贈った称号という。

そしてその背後、石段の上には山門が待っていた。三門形式といい、仏教修行で悟りに至るまでに通らねばならない三つの関門を表す。そこに掲げられた扁額の文字は、「蓬莱山《ほうらいさん》」。そう、この山号である。つまり、神棚に祀られ荒神さんと呼ばれるからには神社なのだと思って来た人も多いだろうが、実は、清荒神は、清澄寺という、まごうことなき仏教寺院なのである。

ちなみに蓬莱山は、中国で古くから信じられてきた仙境のこと。ここの風情はそれにたとえられるほど緑深く霊気に満ちた山容だったのであろう。

最初にお参りすることになる建物はどう見ても神社。境内地図にも「拝殿」と示されてある。仏閣らしい天堂という別名もあるにはあるが、軒の下には注連縄《しめなわ》が下がり、お祈りをするため神を呼び出す鈴の緒もなびいている。ついパンパンと手を打ってしまうのもいたしかたない。

とはいえ、ここは真言三宝宗の寺であり大本山であり、西国三十三所霊場の第十八番札所でもある。そうと知って訪れる参詣者は、ちゃんと数珠を手に般若心経を唱えている。

あのう、どっちがほんとですか？　――お寺の僧侶のかたに尋ねてみたら、どっちでもいいんです、祈る心が大事ですから、と公明正大なる答えが来た。とはいうものの、寺なのだから正式にはお経で、というのが本当だろう。

拝む先に立つのは三宝荒神王。そして一般的に聖天《しょうでん》さんと呼ばれる大聖歓喜天、十一面観世音菩薩など、祀られているのは諸神諸仏、と表現するしかない。

拝殿の背後に連なっているのは「ご本社」と呼ばれる神殿造りで、やはりどう見ても神社である。けれども祀られているのは大勝金剛転輪王という仏さま。またの名を如来荒神というから、さきほど拝殿にあった三宝荒神王とも合わせ、実に、神であり仏であるのが荒神さんということになる。

右には歓喜童子、左に弁才天。神社の姿ながらも護法堂と別称もされるが、ここまでくるとどうも言い訳めいてほほえましくなる。

ぐるりと一巡する途上、目にご利益のある眼神祠や、水をつかさどる竜王堂などにもお参りし、境内に降りてくると、巨大な一願地蔵尊の金銅像が迎えてくれる。参詣者たちはかわるがわる、柄杓《ひしゃく》で水をすくってお地蔵さまへ、高く遠く水を掛けることに懸命だ。

考えてみれば、ここには庶民にとって必要な神と仏がすべてそろっている。暮らしの中のわざわいを封じ、家の中の平穏を願い、そして現世の幸せを祈る心は、古今東西、不変のもの。どんなに社会や時代が移ろうとも、いまその人生を生き抜く人間の姿は変わらない。だからこそ、そんな庶民の願いをこまやかに受け止めてくれる装置としての神仏はすたれない。科学万能の現代社会においても、幸せだけは、人の心の他では製造できるものではないからだ。

清荒神山門

●牛を尊ぶ信仰には

ところで、気になるのが石段脇にある護牛神堂。ご本尊は牛頭《ごず》天王《てんのう》という。

もとはインドの祇園精舎の守護神で、牛王神や牛神様などとも呼ばれる、れっきとした〝神様〟だ。そういえばヒンズー圏では牛は神の使いとして尊重されており、人間生活の場で妨げになったとしても、むやみに追ったり排除しない風習が根付いている。私も以前、ネパールで、ヒマラヤへ飛ぶ山の飛行場の滑走路にノラ牛が迷い込んで、寝そべったままいつまでたっても動かないので、飛行機が欠航になってしまった経験がある。

こんなインドの〝神様〟が、中国で密教、道教、陰陽《おんみょう》思想と習合し、さらに日本に伝わってからは陰陽道とも関わって、独特の解釈をもって定着した。わけても護牛という概念は、家畜として牛を財産として大切にする日本の農家の信仰にも重なったに違いない。

とはいえ、もとは祇園精舎というだけに、牛頭天王といえば祇園さん系の神社で祀られていた。〝疫神〟という性格を持っていたのは、人でなく動物の姿であるためか、やがてスサノオ尊と同体になる。一つ間違えばわざわいとなるけれど、正しく用いれば人の暮らしを格段に利すものたち。天上の高天原では手の付けられない乱暴者だったスサノオが、地上では人を困らせ泣かせたヤマタノオロチをみごとに治めて民をゆたかに幸せにした、そんな神話が一体化したのであろう。

こうして牛頭天王は、各地で祇園さんのお祭りが伝わっていくにつれ、鎮守神として定着していく。そして祇園社では、三宝荒神は牛頭天王の眷属神《けんぞく》だとしているのだ。民間信仰の合理性といえるかもしれない。

便利さと怖さ。それは表裏一体の存在だ。使う者の知恵と心構えで、利器にもなればすべてを滅ぼす武器にもなる。人の歴史が始まって以来、文明はすべてこうしたものを制することで進化してきた。神の祟りにはすべて理由が伴うことを、昔の人はちゃんと知っていたのだ。だからこそ、便利さの恩恵に浴することについては謙虚であると同時に、こまめな荒神祓いでひたむきに守り、清め、確かめてきたのである。

火が単に燃焼するだけのむきだしの炎であった時代から、ガスや電気、そして原子力と発展してきた現代まで、それは変わらず人が守るべきものだった。福島における原発事故も、古来からの荒神祓いが心をこめて続けられていたなら最小限に防げた事故であったかもしれないと、惜しまれる気がする。

●祇園さんが守るもの

さて祇園神社だが、明治に断行された神仏分離令によって、すべての仏教的な性格が取り除かれたことから、本来の姿からはかなり変貌をとげることになった。

その最たるものが名前である。

もともと祇園精舎は仏教用語。それではまずい、ということから、地名をとって八坂神社と改められた。ご存じ、京都を代表する赤い鳥居の神社である。その界隈は文字通り「祇園」と呼ばれる繁華街で、町人が力を持ち始めた江戸時代以降、みやこで屈指の花街として定着した。日本の三大祭の一つに挙げられる祇園祭は、この八坂神社の祭礼である。

全国から観光客を集めて賑わうこの祭、毎年七月、たっぷり一カ月間を費やして行われるが、名高い山鉾《やまほこ》巡行と神幸祭は最大のクライマックスだ。各町の山鉾には、中国やペルシャ、ベルギーなどからもたらされたタペストリーなどが飾られ、優雅に、そして絢爛と京都の都大路を練り出していく。それゆえ「動く美術館」とも呼ばれることにはうなずける。

そもそもこの祭は、貞観十一年（八六九）に疫病が流行したとき、いまの中京区にある神泉苑でとり行われた御霊会《ごりょうえ》を起源とする。当時の国の数にちなんで六十六本の鉾を立て、祇園の神である牛頭天王やスサノオノミコトなどを迎えて災厄が取り除かれるよう祈ったものだ。どこまでも高く空を突くほど尖《とが》った鉾は、天におわす神々が地上へ降臨するのに寄りつきやすいようにと考案されたのであろう。

各山鉾町で売られるちまきも有名だが、これもすべて厄除けのためのもの。昔、スサノオノミコトが旅の途中でもてなしてくれた蘇民将来《そみんしょうらい》に、お礼として「子孫に疫病を免れさせる」と約束し、茅の輪《ちわ》を付けさせたのが始まりと言われる。茅の輪くぐりが夏の厄除けとして各地で行われているのも同じ由来だ。衛生状態がいまほどよくはなかった時代には、高温多湿な日本の夏は、越せるか越せないかというぐらい厳しい命の季節であったのだ。ちまきは食べ物というより、厄除けとして一年間家の門口につるし、翌年の祇園祭で新しく取り替えるお守りだった。

祭は応仁の乱で一時、途絶えてしまうが、明応九年（一五〇〇）、町衆の手でみごとに再興される。江戸時代にも火災に見舞われるものの、またも町衆の力によって復興されて現在に至っている。祭りを担う力も伝統を守る気概も、すべては神々とともにいる庶民の幸せと健全さが大前提であるのが納得できそうだ。

●祇園の本家争い

八坂神社は古くからある神社であるにもかかわらず、延喜式神名帳には記されていない。神仏習合の色あいが濃く、延暦寺の支配を受けていたことから神社ではなく寺とみなされていたためと見られる。

ところが疫病を払う牛頭天王の総本宮としては、兵庫県姫路市の広峰山山頂にある広峯《ひろみね》神社との間で、本家争いが継続している。

こちらは天平五年（七三三）の昔から歴史に名前が登場する古社である。唐からもどった吉備真備《きびのまきび》が、都への帰途、ここの山々にたなびく白雲を見て神威を感じ、聖武天皇への奏上を経て、白幣山に創建されたのがはじまりという。牛頭天王という神は陰陽道でたいへん重視される神であることから、唐で陰陽道をもきわ

祇園祭

めたとされる吉備真備にとっては意義の深い神社ということになる。

もっとも、この神社は厄除けというより、「広峯信仰」といって、古くから農業の神として崇拝されてきた。播磨《はりま》は大陸から稲作が伝わったもっとも古い地でもあり、温暖な気候風土ともあいまって、ゆたかな米作地帯としての歴史を持つ。そのため、まず人間の幸せが稲の実りに直結していたからであろう。

田植えに先立つ四月に催される御田植祭は、稲の豊作を占う神事。神の依代《よりしろ》である傘鉾を持った傘持ちとともに衣冠《いかん》装束の神職が行列の先頭に立ち、赤襷《あかだすき》がけの早乙女、蓑笠をまとい鋤鍬《すきくわ》を持って仮田を耕す田人、苗箱を天秤棒で担いだ苗運びと、古来そのままのいでたちで田植えから稲刈りまでを模して行い、その年の稲作の豊饒を祈願する。

しかし重要なのは、神職がその年の稲の豊作品種を占い、その結果を発表する「穂揃祭《ほぞろえさい》」だった。近隣の農家は自分の田で収穫したもっともすぐれた稲穂を奉納するが、これを天王穂という。それは神の取り分というよりも、さらなる加護を祈る切なる思いの代償に思える。参拝者たちはこの立派な稲穂を見て、自分の田でも、と発奮し、豊作を期してそれぞれの田の一年へ帰っていくのだ。

この広峯神社から平安京へ、現在の八坂神社である祇園観慶寺感神院に牛頭天王を分祠《ぶんし》したとされるのが貞観十一年（八六九）。神泉苑で御霊会が行われた年に符合する。道中、神が休憩したと伝えられる神戸の祇園神社や大阪の難波八阪神社、京都の岡崎神社など、祭神の遷座《せんざ》の旧跡も存在するため信憑性も高いのだが、本家争いはさておき、問題は神がはるばる播磨から招かれたわけのほうだ。

疫病が流行したから、というのが通説で、たしかに、人の力でどうにもならない天災には神の力を借りるしかなかった、というこの稿の主旨とも一致する。しかし人間にとって、怖いものは天変地異がすべてだったのか？

気になるのが「御霊会」というその記述。霊とは、人間の肉体に宿る、目には見えない魂のことだ。つまり、古代の人が恐れたのは、もちろん神々であったことは否めないが、もっと怖いのは、実は人間だった、ともいえないか。次回、荒ぶる神と仏について、さらに考えを深めてみたい。

⑯ 住吉大社～石山寺
――平安の世のねがいと祈りを文学に託す

●平和な世相の心のありか

栄華をきわめた権力者から名もない市井《しせい》の庶民まで、神や仏はなぜ必要だったか。その理由は、中古から中世に移るこの時代、あまりに落ち着かない政情が人を迷わせ不安にしたことが大きい。なにしろ、昨日は安らかに御殿に座した者が明日は泥の河原に引き出されて首を晒《さら》し、家は焼かれ田は荒れる、という無常の世。何か一つ、決して揺らがぬ心のささえが求められたからにほかならない。神や仏は、いつでも弱き者らの味方であり、途方に暮れて涙する者たちのそばでほほえむ存在であるからだ。

そうした世相と決別すべく都が京都に移ってからも、当初は薬子《くすこ》の乱や承和の変、追手門の変など、あいかわらず天下を窺う者たちの謀略がうずまき不穏な空気に満ちていた。

しかし「平安」時代とはよく名付けたもので、天皇家そして摂関家による国政ラインが定着していくにつれ、かつてない安定と平和がもたらされることになる。

さらに人の命と国家の威信を賭けた事業の遣唐使が廃止されると、もとよりすぐれた文化水準にあったこの国の人々は、独自の感性でそれまで蓄積した知的財産を磨いていくことになるのだ。

極東の島国というポジションにあって、たぐいまれなる文化国家として熟成していくこの時代に、人々はどんな幸せを願ったか。時代に焦点を当て、寺社を巡ってみたい。

●祟《たた》る神になった人間の念

平安時代が文字通り平和で安穏な時代となるまでには、権力の座をめぐって数知れない争いがあった。それらはどれも、自分が頂点に立つさまたげとなるライバルを、無実の罪をでっちあげて陥れる、という陰湿な方法によるものだった。

敗者は地位や身分を剥奪《はくだつ》され、左遷されたり流されたり、あるいは家族もろとも命を奪われたりもして、二度と権力闘争の場にはもどってこられなかった。日本の古代史は、そうした争いに勝った腹黒い者たちによって作られたと言っても過言ではない。

ところが日本人のおもしろいところは、そのような悪逆非道の方法で決着をつけて勝ち残りながら、自分が追い落とした者の霊におびえてもいた、という点だ。

霊はかたちなどない。色もなく匂いもなく温度もない。なのに、勝者にはたえず彼らの恨む声が聞こえ、自分につきまとう存在が見えた。失脚させられた者たちがこの世に恨みを残して非業の最期をとげたことを、誰より知っているからである。

それはすなわち、彼の良心が聞かせる幻聴であり、悔いる心が見せた残像であったろう。親しい者が病気になったり命を落としたり、もしくは落雷や地震など天災の被害を受けたりすれば、それは敗れた者の霊が祟って引き起こすのだと信じ、心底、震え上がった。

結局、人間にとっていちばん怖い存在は、強大な力を持った神よりも仏よりも、人間であるということなのだ。

記録をたどれば、怨霊となった者としては、藤原広嗣《ふじわらのひろつぐ》、井上内親王《いのえないしんのう》、他戸親王《おさべしんのう》、早良親王《さわらしんのう》など枚挙にいとまがない。やがて平安時代になると、これら怨霊の地位や名誉を復活させることで霊を鎮めようという動きがさかんになった。さらには逆に、祟る怨霊を神として祀ることで、御《み》霊《たま》として世を鎮護してもらおう、という発想になっていく。

わざわいをなす怨霊をあがめ、その力にすがろうとは、なんと虫のいい、そしてなんと弱々しくも善良なる信仰であろうか。日本人とは、陥れた方も陥れられた方も、とことんワルにはなりきれぬ民族であるのだろう。

神泉苑で行われた御霊会《ごりょうえ》は、宮中行事として行われるようになっていく。

●怨霊だった天神さん

このような怨霊が、一転、神様になった人物としては、菅原道真《すがわらのみちざね》こと天神さんがもっとも有名であろう。

事実、「さん」付けで呼ばれるほどに親しい存在であり、学問の神として現代も受験生らからは絶大な信仰を集めている。その名も天満宮や天満神社、北野神社に菅原神社、天神社などと呼ばれ、全国におびただしい数の分社がある。あまりにたくさんあるだけに、道真が住んだ京都の北野と太宰府、それに大阪または防府を合わせて、日本三大天神と呼んだりもする。まさに、いまや怨霊であったことなどすっかり忘れられ、ありがたいだけの存在になっているという状況だ。

そもそも菅原道真は、何のバックグラウンドもなくその才覚だけを認められて右大臣にまで昇進した人物。当然、摂関家にとっては政敵で、延喜元年（九〇一）、左大臣の藤原時平に陥れられ、地位を追われ、九州太宰府へ左遷されるのである。

終始、無実を訴え、失意と望郷の念に焦がれながら異郷で没するまでの慟哭は、彼が残した漢詩「不出門」を読めば胸を突かれる。

彼の死後、畿内では日照りが続いて稲が実らず、都では疫病がはやり、醍醐天皇の皇子が相次いで病死するなど異変が続く。さらには宮中の清涼殿に落雷し、多くの死傷者が出るに至る。

朝廷はこれらを道真の祟りと受け止め、道真の罪を赦すとともに贈位を行う。のみならず、もともと火雷天神という地主神が祀られていた京都北野の地に北野天満宮を建立して道真の祟りを鎮めるのである。

恨みのもととなった過ちを正し罪を償うことは、死してなおこの世にさまよい出る怨霊の心を鎮めることになろう。だがそれだけにとどまらず、神として祀り上げることで、怨霊の並外れた力をたのみ、現世を守る存在として加護してもらうわけである。たしかに怨霊側でも、悪い気はしないはずだ。

日本人とはよくよくおのれの弱さが自覚でき、人の力を越えた力を見くびることなく評価できる気質があるのかもしれない。

東風《こち》吹かば　匂ひおこせよ梅の花
主《あるじ》なしとて　春を忘るな

いつまでも心を京のわが家に残して逝った道真。梅をこよなく愛した道真の歌に応じ、庭の梅が太宰府に飛んでいった、という飛梅伝説がいつしかできた。

彼の無念を思いやりつつ、何もしてあげられない非力な庶民。道真を哀れと思う心は、せめて庭の梅だけでも天神さんの心の慰めになるようにと、心から心へ、口から口にと伝わっていき、ついに梅をかの地へ飛ばしたのだ。道真を哀れと思う庶民も、梅が飛んでいったと信じることでみずから慰められただろう。日本人とは、かくも優しい人々であったことを、あらためて認識できる伝説である。

●和歌の神様、文学の神様

天神さんがいまも人気の神社であるのは、現代日本が試験続きの競争社会であるせいだろう。九割は人間がとことん努力しがんばって、あとの一割、運は神様にゆだねるしかない、と考えるゆえだ。

平安時代もしかり。官人登用には試験が必要だったし、宮中に仕えれば仕えたで、歌合わせという、天皇じきじきに披露するべき競い合いがあった。自分と人とが違う、と世間に示すためには、競争に打ち勝つほかに方法がないのはいつの時代も同じことだ。

とりわけ、すぐれた和歌が作れる才能は、そのまま人と人とのコミュニケーションに力を発揮したが、国政を導く者の評価基準としても大きなポイントだった。

一見、優雅な貴族文化と思える歌合わせも、実は一首の歌にも命をかけるほどの戦いなのだった。それはこんな裏話にもうかがえる。

恋すてふ我が名はまだき立ちにけり
　人知れずこそ思ひそめしか

小倉百人一首にもある名歌であり『拾遺和歌集』の恋の巻を飾る壬生忠見《みぶのただみ》の歌である。天徳四年（九六〇）、村上天皇が催した内裏歌合で、「忍ぶ恋」が題となった折のものだ。

これに対して、競い合うべく出された歌が平 兼盛《たいらのかねもり》の作品である。

忍ぶれど色に出でにけりわが恋は
　ものや思ふと人の問ふまで

同じく百人一首にも収められた名歌である。どちらもどちら、判定を降すのが困難なほどのできばえだ。かろうじて帝のお好みにより平兼盛の勝ちが決まったが、絶対の自信作であるこの一首で敗れた壬生忠見は、落胆のあまり食欲もなくなり、やせ衰えて、ついには悶死してしまうのである。

たかが一首。されど一首。歴史に残る名勝負からは、歌にこめた思いの深さに、現代人の想像を超える熱があるのがわかるだろう。

どうすればすぐれた歌が作れるか。後世に残る秀歌を、一生に一度でいいから作ってみたい。先人たちは、たった三十一文字のために、心を磨き腕をふるい、魂を傾けていく。そして精進を尽くしてもなお自分の力のおよばない時、やはりその先には神がいた。

和歌の神様として信仰を集めた神社。それは、大阪で初詣といえば「すみよっさん」と多くの人が口をそろえる、住吉神社だ。いまは市街地の中にあるが、かつては神社から海が見えていたといい、海の神、航海の神として崇拝された神社でもある。
もともと住吉大神は「日本書紀」や「古事記」に登場する伊邪那岐命《いざなきのみこと》が、亡き妻、伊邪那美命《いざなみのみこと》を追い求めて訪ねた黄泉《よみ》の国から帰還した時、汚れを清めるために海に入って禊祓《みそぎはら》いしたとき生まれた神をさす。底筒男命《そこつつのおのみこと》、中筒男命《なかつつのおのみこと》、表筒男命《うわつつのおのみこと》の三柱。いわゆる住吉三神である。
古代の人々は巫女などが神がかって述べる言葉を神の声とし「託宣」として真剣に受け止めたことが知られているが、この住吉の神も、しばしば人間界に言葉を与えたことが記されている。

住吉大社

かの神功皇后に依りついて、国の戦の進むべき道を高らかに託されたことに始まって、それら神託が和歌という形式をとって表されたことが特徴的だ。
また、都から大陸へ出発する航海ルートに位置することから、遣唐使船は必ずこの神社に参じて海上の無事を祈ることとなり、万葉集などにも多くの歌が残されている。

かくてなお　かわらずまもれ　よつをへて　此みちてらす
住吉の神（鳥羽上皇）

あいおいの　ひさしき色も　常磐にて　君が世まもる　住吉
の松（藤原定家）

平安後期、これら勅撰集に入るほどの和歌は、互いに切磋琢磨しながら生み出されていく。むろん、秀歌は、読み手が死んだ後も人々の胸に生きて、永久不滅に残るのである。言葉の命に比べれば、はかない人間の人生など取るに足りないものであることを、彼らは重々知っていたのだ。

●平安文学の花を咲かせた寺

全国に二千の分社末社があると言われる住吉神社は、古典文学の中にも登場する。たとえばいまから千二百年前に書かれ、日本が世界に誇るべき長編小説『源氏物語』でも、重要な役回りをつとめている。

権力を掌握する右大臣家と、そこを実家として宮中に入内《じゅだい》し時の帝の母となった弘徽殿《こきでん》の女御《にょうご》。敵役としてはこれ以上ない相手から、政敵とみなされ窮地に立った源氏が、みずから官位を降りて下ってくるのが瀬戸内海だ。無実の罪に泣いた菅原道真はじめ、過去の冤罪に学んだ結果の設定であるのがおもしろい。さらに、最愛の光源氏をよろしくとたのみ置いたにもかかわらず彼に仇なすだけの連中に、祟って出るのが光の父帝だ。この物語には、古代の朝廷における勢力争いの勝者敗者、そして人々が恐れたものや恃《たの》んだもの、そんな光と影が凝縮しているのも醍醐味だ。

光源氏は住吉の神の導きで明石へと居を移し、そこで運命の女性、明石の君とめぐりあう。二人は、やがて別れるしかない悲しい定めの恋と知りつつ結ばれるのだ。

やがて祟り神になった父帝の援護によって、晴れて都へ復帰していく光源氏。方や明石の君は、身分の低さゆえに都へはついて行けず別れに泣く。捨てる神あれば拾う神あり。いつかまた会う日まで、と不確定な約束をして離ればなれになる二人を、ふたたび巡りあわせることになるのが住吉の神なのだ。

光源氏は復職の御礼まいりに。明石の君は、彼との間に授かった姫君を無事に出産したことのお礼参りに。偶然、住吉神社で鉢合わせするところ、明石の君は、自分を置いて去った恋しい男の麗々しくも幸せな様子に身を引き、船を返して去って行く。なんとも美しいストーリー展開は、この物語の白眉であろう。

それもそのはず、源氏物語はこれら須磨・明石の巻から書き始められたと言われており、読者の心をそそるもっともビビッドな部分であるのは間違いない。

これを書いたのは言わずと知れた紫式部。そして彼女がこれを書いた場所は、滋賀県にある石山寺だと伝わっている。

東寺真言宗の寺で、本尊は如意輪観音。西国三十三所観音霊場第十三番札所として今日も多くの参詣者が絶えないが、紫式部の時代にもすでに京都の清水寺や奈良県の長谷寺と並ぶ観音霊場だった。宮廷の官女の間では石山詣がずいぶん盛んであったらしく、『蜻蛉日記《かげろうにっき》』や『更級日記』

石山寺山門

『枕草子』にもこの寺が描かれている。

聖武天皇の発願による開基という長い歴史を持つ寺だけに、その歴史には栄枯盛衰いろいろあってしかりだが、十世紀には、中興の祖と言われる第三世座主が登場する。その人、淳祐内供《じゅんにゅうないく》とは、かの菅原道真の孫なのである。

神様になった人も、後の世には子孫を残し、仏をまつる寺に座す。そしてまたもや人間社会で人と人とにもまれて生きていく。

世に人の人生がつむがれるかぎり、神と仏は、つねにいちばん身近に息づく存在であるのだろう。

⑰ 六波羅蜜寺・浄土寺〜知恩院

――この世の終わりを生き抜いて

●苦しいことのみ多かりき

華やかな宮廷文学が花開いた平安時代。西暦で言えば十世紀というような早い時代に、これほどの洗練を極めたわが国の文化は、世界で他と比べるまでもない。

だがその一方で、一般庶民の暮らしは決してゆたかとはいえず、疫病がはやったり天災にみまわれたりすれば、ひとたまりもなく踏みつぶされていく定めだった。

病気になってもまともな手当もほどこされず、飢饉になればやせ衰えて、立ち上がることもできず萎えて死ぬ。遺体を葬るにも、周囲みんながその惨状では、放置したまま腐るに任せるしか手立てはなかった。

たとえばその風景は、芥川龍之介の『羅生門』からも想起できる。もとになった『今昔物語』は平安末期に書かれたとされる説話集だが、王城の象徴でもある羅生門の荒廃は衝撃的だ。

行き倒れとなりここで餓死した遺体の山。おそらく骨からたちのぼる燐《りん》の薄青い灯のせいであろう、羅生門には鬼が出る、と不気味がられるまでになっていた。その門の楼上に一人、まだ生きている老婆がうずくまり、放置された身寄りのない女の遺体から髪を引き抜いている。鬘《かつら》を作って売るためだ。しかし、極限を生きるその老婆からさえ、盗賊となった男はぼろの衣をはぎとっていくのだ。

その日を生き抜くために底辺を這う人の姿に、恵まれた現代に暮らす我々からは批判の言など何も言えない。人としての高邁な倫理も筋目も、生きるためにただ必死な民には無用のものだし、何の救いにもならないのだ。

ともあれ、ここからも察せられるように、都は腐臭と汚物にまみれ、民がもだえうごめく声だけが満ち満ちていたことであろう。

そんな中でもとりあえず、遺体を運びだすことができ、鴨川のほとりに捨てることができれば上出来だった。川は穢れをのみこんで、清めて、流して、自浄する。川のほとりに故人をしのんで花を手向ける者でもあれば、せめてもそれが、人として生きた証を残したことになったであろう。

そんな地獄を生きながら見て、彼らはいったい、どこに心の平安を求め、希望をみいだして生きたのだろうか。

●「聖《ひじり》」と呼ばれた男

歴史をたどれば、社会が闇の深みに落ちたとき、それでも一条の光がさしこめることが起きている。それは奇跡でも何でもなく、生身の人間の登場だ。

自分と少しも変わらぬ一人の人が、同じ一人の人を救って歩く。このままではいけない、なんとかしようと、自分の力でできることを探り始める意志の動きがあるからだ。無為なままでは終わらない、なすすべもなく朽ち果てない。命の意味を、生かされる意味を、その手でつかみだそうとするその姿。人間とはなんとすばらしい生き物なのかと、震えさえ感じる、そんな歴史の継ぎ目である。

死臭に満ちた都大路に、一人の男が曳《ひ》いていく荷車の音が響き渡る。それは、絶望にうちひしがれて萎えた体を地面に投げ出す人々の心に、確実に届いて伝わった。

その荷車には、すべての苦悩を解き放ち、輝く未来へいざなってくださる、ありがたい観音様が乗せられているのだった。

十一面観世音菩薩像。

前後左右、あらゆる方角を見渡して、洩らすことなく自分をみつけてくださるような十のお顔。

そして頭上の一面は、前を見据えて揺るぎなく、救いに踏み出すお顔に見える。

車を曳いていくその僧は、世にもありがたい念仏を称えてくれ、薬にもひとしい茶をふるまっては病人の心をおちつかせ、しばし苦しみを忘れさせてくれるのである。

その男こそ、市聖《いちひじり》と呼ばれた空也《くうや》である。

噂に聞いた人々は、自分が座して死を待つこの場所にも、彼が来てくれるかと待ち望んだ。なにしろ彼が運ぶ十一面観音には、「四種功徳」といって、死に瀕した人々がいちばんほしい功徳をもたらす力があるという。

まずその一。本当に死に絶える臨終の折、ありがたい光に満ちた如来様が枕元にお迎えに来てくださるのを、この目で見ることができるという「臨命終時得見如来」。

その二、死んでも地獄に行かなくていい、餓鬼や畜生に生まれ変わらなくてよいとする「不生於悪趣」。

さらにその三、まだ死なない、という希望を持たせる「不非命終」。

そしてその四、もしも命果てて死ぬことになっても、必ず極楽浄土に生まれ変われるという、「従此世界得生極楽国土」。

いずれも、死の影におびえ、行く先を不安に思う者たちに、どれほどの希望と救いになったであろうか。自分が死ぬとわかっても、これら四つのことが担保されているなら、死は少しも怖がるべきことではなくなっていく。人々は、やすらかにその人生が終わる時が来るのを待てただろう。

そう、弱り果てた人の肉体そのものを助け救うことはできなくとも、「聖」と呼ばれた男は、確実に、人としての心を救っていったのである。

いったい、彼はどこからやって来たのか。

当時、徳を積んだとされる僧は、権威のある山岳寺院で位を進めた。大僧正、僧都《そうず》、阿闍梨《あじゃり》、……さまざまな尊称が彼ら偉大な僧に授けられた。だが、いくら学問に精進し、経典の意味にひいで、加持祈祷の技術にたけて権力者らの帰依を受けていても、はたして、死にゆく人の心にどれほど残っただろう。

位はなくとも、権力はなくとも、市井《しせい》にあって、人々の苦しみをともに感じ、受け入れた者のみが授けられる呼称、「聖」。

その姿は、六波羅蜜寺に伝わる重要文化財、空也上人像にイメージを重ねることができる。左手に鹿の角の杖をつき、わらじを履いた旅装束で、口から「南無阿弥陀仏」の六文字を表す小さな仏像を吐く僧の像は、教科書にも載っている有名な像だから、きっと多くの方が記憶していることだろう。

おそらく最初はたった一人で町辻に立ったはず。しかし迷いのない人間の志は、やがて多くの共感者を集めるものだ。のちに、遺体捨て場だった鴨川岸で空也が行った大般若経供養会《くようえ》には、なんと六百名の僧が集まった。志を同じくする者たちが、この世の闇を切り開こうと心を刻んだ事実がうかがい知れる。

●この世の終わりと末法思想

庶民がこのような惨状で生きる中、為政者たちはどうしていたか。

当然ながら、彼らの関心事は自分たちの権力のゆくえや栄華だけ。国家や天下、民のことを考える広い視野は欠落していた。

そのため、保元、平治の乱から源平の合戦と、政権を争う内乱が相次ぎ、戦火は都をますます荒廃させていく。同時に、飢餓や疫病がはびこり、地震などの天災にも見舞われたため、社会不安はいっそう高まり、混乱し、人々が「この世の終わり」を意識していったのも無理はない。

そこへ、末法思想が合致する。

これは永承七年（一〇五二）に末法の世が訪れるという、いわばわが国最初の、予言思想の流行であった。

仏教の歴史観では、まず正法《しょうぼう》という時代があり、そこでは釈迦が説いた正しい教えが世で行われている。正しく修行して悟る人も多くおり、希望の持てる明るい時代とされている。しかしこれが過ぎると、次には像法《ぞうぼう》といって、釈迦の教えはうわべでしか行われず、姿だけ修行者に似て、本当に悟る人などいない時代がやってくる。さらにその次に来るのは、正法などほど遠く、人も世の中も地に落ち、暗い最悪の時代なのだという。

このため、貴族たちの間では、どうかこんな末法でも、自分たちの望みが叶い、心の平安を得ることができますようにと、それぞれの祈願成就のための写経が大流行する。

奈良時代には官営事業として行われていた写経。しかし平安時代には個人が経典を書写するまでになっていたのだから、紙や筆といった物質の普及のみならず、仏教がひろく浸透していたことがうかがえる。彼らは美しい紙に、おもに『法華経』、ほかに『般若心経』『阿弥陀経』などをしたため、小型の筒に入れて、和鏡や銭貨、小さな仏像などの副納品と一緒に、霊地や聖地とされる山頂や神社境内に埋納《まいのう》するのだった。

やがてその内容は、現世での祈願成就というより、こんな末法、できれば死後にはここよりすばらしい極楽浄土に行けますようにと、来世にかける望みへ移っていく。すなわち、阿弥陀仏の極楽浄土に往生し成仏することだ。これを、浄土信仰といった。

●ここより永久へ——夢の浄土

思えば、この時代の人々の想像力のゆたかさといったらどうだろう。いまのようにビジュアル的な情報は何一つないというのに、浄土という言葉に、皆があまねく同じイメージを思い描くことができたのだ。

たとえば都から遠く離れた田園の地、播磨国の小野にある浄土寺。極楽山という山号のとおり、まさに浄土の具象であった。

開山は、東大寺の復興に功のあった重源《ちょうげん》。境内のうち、極楽浄土の方角、すなわち西に建つのが浄土堂だ。内側には、快慶の作になる高さ五メートルを超す巨大な阿弥陀三尊像が東向きに立っている。

つまり、西側にある堂の背後の蔀戸《しとみど》を開け放つと、背後から夕日がさしこみ、堂内はまっ赤に輝き、三尊像が浮かびあがる、という仕組み。三像が立つ蓮華座の下には雲が表現されていて、あたかも西方極楽浄土から、飛雲に乗って阿弥陀仏が来迎する現場のようだ。照明のない時代、よくもこれだけドラマティックな演出を建築に組み込んだものだとただ感心するばかりだが、これこそ重源の神髄であろう。遠く、田園をうるおす目的で造られた無数の溜め池も西陽に輝き、人々はまさに浄土をここに見たにちがいない。

この寺は播磨国における東大寺復興の拠点でもあったから、地元の豪族たちはこのありがたい情景を目の当たりにし、こぞって寄進をしたらしい。なんとも小憎い建築である。

とはいえ、米がとれるゆたかな国であっても、貴族や寺院が荘園として掌握していたから、庶民の暮らしは都とそうそう変わらない。民衆がいくら浄土への転生を願っても、修行する時間もなければ写経する教養もないのである。やはり、焦がれながらもあきらめゆくしかなかっただろう。

そこへ、歴史はまたもう一人、民衆の元に、一人の僧を使わされる。

十三歳で比叡山延暦寺に入り、学問を積み、厳しい修行を重ねた法然である。

彼は、膨大な一切経の中から阿弥陀仏のご本願を見いだすに至る。それは声に出して「南無阿弥陀仏」と高らかに、ただ一心に称えることで、どんな人でも救われる、という専修念仏《せんじゅねんぶつ》の道だった。

これなら、文字が読めず、生活に追われて修行どころでない民衆にも、いともたやすく実践できる。本来、釈迦のおしえとは、人は誰でも仏性を持つゆえに、身分によらず極楽往生できるはずなのであった。貴族のものとなっていた仏教が、このとき定かに、すべての人のもとへと、とりもどされたのであった。承安五年（一一七五）、法然四十三歳の春だった。

彼は山を下り、東山吉水《よしみず》に居を定める。訪れる人を誰でも迎え入れ、念仏の教えを説くという生活が始まった。浄土宗の開宗である。

●新しき時代の声――専修念仏

法然の説く専修念仏は、かろやかに民衆の心をとらえ、世に広まり、多くの弟子たちがその膝元に集まる。むろん、摂政の九条兼実《くじょうかねざね》といった身分の高い貴族らからも帰依を受けた。おしえを受ける側にも、まさしく身分の上下は関係なかったのである。

既成のものを覆す者、いままでにない新しいものを押し出す者。いわゆる革命者といわれる突出した存在には、つき従う支持者の数も並ではないが、それに比例し、反対者もまた多く出る。彼の力が大きければ大きいほど、反対勢力は大きくなり、時に、弾圧、という壁にもなる。

法然の場合も同じであった。

南都北嶺といわれる奈良興福寺、比叡山延暦寺といった既成の仏教界からしてみれば、法然を慕って集まる民衆の数は、脅威でしかなかったであろう。なんといってもそれまでの仏教は、学問を積み修行を重ねてこそさとりがひらける。それが、称名だけでよいなどとは。――おそらく地上の民衆全員が、法然にしか耳を貸さず、こぞってなびいてしまう、そんな危惧を抱かせるふうにも映ったにちがいない。彼らはその権力を笠に、法然らの念仏を禁止するよう、朝廷に訴え出る。

折も折、法然の弟子である住蓮、安楽が後鳥羽上皇の怒りを買う事件を起こしてしまう。上皇が熊野詣に出かけた留守の間に、後宮の女房たちが彼らの説教を聞き、そろって出家をしてしまうのだ。それほどまでに法然のおしえは重く、女房たちの人生を変えるほどの力を持っていたということだ。

しかし上皇の腹立ちもよくわかる。なにしろ自分が寵愛している大事な花を、知らない間に、手の届かない場所に持ち去られたようなものなのだ。これほどまでに影響力の大きいおしえは、人心をたぶらかす悪い動きだとして、封じ込めるほかはない。

建永二年（一二〇七）、専修念仏の停止とともに、法然は四国へ流罪となる。同時に門弟四人が死罪、中心的な門弟七人が流罪に処されることとなった。その中にはのちに浄土真宗を開く親鸞もいた。「建永の法難」である。

ところが法然はこの逆境をも無駄にはしなかったのだからさすがである。

「辺鄙《へんぴ》の群衆を化《け》せんこと莫大の利生《りしょう》なり」

都にいては伝えることができずにいた地方の人々に、直接ふれて接することのできるまたとない好機ととらえるのだ。

事実、流刑地への旅の途上には、おしえを乞おうと集まる民衆が後を絶たなかった。どんな罪を負う者でも念仏で救われる、と説くお坊さまが都にはいるそうだ——そんな噂は、すでに地方にまで知れわたっていたのだろう。その高名な僧が、はからずも罪人となって、自分が暮らす地を通過なさるらしい。それならなんとしてでも近づいて、話をしたい、聞きたい、民衆がそう願ったのも当然だった。

播磨国高砂では、魚を獲ることを日々のなりわいとする漁師が、生ける命をあやめて暮らすその身を嘆いて問うた。自分の罪は許されるか。極楽浄土に行けるだろうか。

また同じ播磨の室《むろ》の津では、一艘の船が近づいてきて、遊女が訊いた。生きるためとはいえ、こんな身の上でのその日暮らし。罪業の重いこの身も、救われる道はあるのでしょうか、と。

知恩院山門

これに対する法然の答えは、慈悲に満ちたものだった。たしかに罪は重いだろう。けれどもその身のままで、ただ念仏を称えなさい。阿弥陀仏はそのような人々のために本願を成就されたのです。けっして自分をはかなく卑下せず、ただひたすらに、阿弥陀仏をおたのみしなさい、と。

これらの挿話は、彼の生涯を描いた「法然上人絵伝」に描かれている。四八巻二三五段をなす日本最大の絵巻物だ。国宝として、知恩院に収蔵されている。

その後、法然には赦免の宣旨《せんじ》が下るが、都に入ることは許されなかったため、摂津の勝尾寺に滞在する。入洛の許可が下り、帰京できたのは建暦元年(一二一一)。その二ヵ月後に、この偉大な革命者はこの世を去るのである。

弟子の願いによりしたためた『一枚起請文《いちまいきしょうもん》』には、念仏の肝要が凝縮されている。

「智者のふるまいをせずして、ただ一向に念仏すべし」

その精神を引き継いで弟子たちは、知恩院、永観堂など各派を分けつつ、新時代を切り開いていくのである。

⑱ 鎌倉仏教の流れを訪ねて
――刷新の風に吹かれる仏たち

● 〝じぶん〟を救う新しい道

紀元前五世紀、釈迦牟尼が悟りを開いた時に、一つのおしえとして完結した仏教。そのおしえを、辞書のように見出し的に説明するなら、それはまず、人が生きるということは苦しみであり、生涯続くこの苦しみは永遠に、輪廻の中で終わりなく続くものであるけれど、そこから抜け出し打ち勝つことが解脱であり、心やすらかな状態を得ることである。そんな解脱を、修行によって手に入れよう――。と、いうようなところになるだろうか。

いやはや、言葉でざっくり解釈するのはたやすい。だが実人生で実践することがいかに難しいか。そのため、さまざまな方法を用いてわかりやすく工夫してきたのが僧侶たちの仕事であり、仏教の歴史といえる。

仏閣しかり、仏像しかり、お経の解釈、翻訳しかり。目に見えるものや、耳で聞こえるもので表そうとした仏教文化は、まさに人間の創意工夫の粋といえる。

そしてそれらは気の遠くなるような長い時間の中で、地域によって、また時代のもとめによって、その受け止め方を変えながら、人間の営みとともに練られ、磨かれ、延々と今日へ伝えられてきた。

アジア大陸の東の果てのちっぽけな島国、日本でも、その変遷は実にこまやかだった。貴族の支配した時代から、新しく台頭する武家の時代へ。それは一つの節目として、仏教が大きな変革をとげようとしていた時といえた。

なにしろ仏教が伝来した奈良時代から、五百年、六百年という長い長い時が過ぎていたのだ。もとをたどれば、黎明期《れいめいき》には、まず天皇家と国家とが苦しみから逃れる解脱をめざし、円満に、安泰に保たれることを願う「鎮護国家」として導入された仏教。やがて国のすみずみに浸透するが、それは、本当に救いがほしいのは民衆の方であったからだ。相次ぐ戦乱と飢饉や天災。この世の末たる末法の世の到来を実感した人々は、それぞれ心の平安を求めて仏に向かう。浄土思想や、法然が開いた浄土教はそのもとめに応じて出現したものといえよう。ここに来て仏教は、民衆ひとりひとりの救済をめざす柱として、大きく存在感を変えることになったのだ。

天皇や貴族から民衆へ。国家ではなく個人へ、〝じぶん〟へ。

その大きなうねりをたどってみよう。

●鎌倉仏教、起こり立つ

十二世紀中ごろから十三世紀にかけて、日本の政権を担う新しい勢力となったのは武士だった。農地を自分の力で守るための武装から始まり、同じ血脈をきずなにして、リーダーである棟梁を仰ぎ、集団となって発展していく。中でも、二大勢力となる平氏と源氏の争いは、すでに世の統治力が貴族の手にはないことを示してみせた。

これら源平の戦いは、畿内を主戦場としてくりひろげられたため、南都として仏閣のひしめく奈良を焼き、灰と帰してしまうのだが、その荒廃から復興させたのもまた、武士だった。勝者となった源《みなもとの》頼朝《よりとも》は、東大寺の修復に尽力を惜しまない。

東大寺の南大門に代表されるこの時代の美意識は、武士たちの趣向をみごとに表現したものといえる。勧請師《かんじょうし》の重源《ちょうげん》や、仏師の運慶、快慶といった秀逸な人材を輩出した時代の幸運は、たとえば金剛力士像の、力みなぎる豪壮さに象徴されて、まさしく武力をよりどころとする武士たちの求めるものを具象化していったのだ。

強く、たくましく、くじけない――。いままでとは異なる価値観を持つ人間の台頭は、社会や文化全体をも変えていく。心のよりどころである仏教にも、当然ながら、もとめられるものは変わってきた。

従来の仏教は、たとえば奈良時代の南都六宗ならば教義の研究に重きを置く高邁な「学問」だったし、平安仏教もまた、深い学問ときびしい修行が必要で、時間や経済力に余裕のある貴族のためのものでしかなかった。

その日その日を生き抜くことにせいいっぱいの庶民が求めたものは、難解な学問でも思想でもなく、どうすればおのれ個人の苦しみを救ってもらえるか、そのことに尽きる。

こうして、限られた時間や経済力のうちでも可能な信心や修行のあり方に着目していく新しい動きが生まれていくのだ。

念仏と題目、そして禅。どこでもいつでも、意志さえあればできる修行を基本とするいままでにないおしえ。それは、庶民や新興武士階級にも身近に受けいれられるものだった。そのため、民衆の生活に奥深く浸透していくことになる。

浄土宗、浄土真宗、時宗、日蓮宗、臨済宗、曹洞宗。これらを鎌倉仏教と呼び、それまでの仏教とは一線を引く分類とされる。かつて大陸から伝わった仏教が、いよいよこの国の土壌になじみ、日本独自のものになったことをきわだたせていくのである。

●誰をたのみ誰を信じるか

鎌倉仏教の特徴は、なんといっても、「易行《いぎょう》」、「選択《せんちゃく》」、「専修《せんじゅ》」という柱に絞り込まれる。

易行とは、その字のとおり、たやすい行。厳しい修行も、高価な寺や仏の寄進も不要だというもの。選択は、これしかないと限定せずに救済方法を選ぶこと。そして専修は、ひたすらに打ち込むという意味である。

つまり、経済的にも時間的にもゆとりがなくとも、膨大な仏教のおしえの中からどれかを選んで、日々の暮らしのどこかで仏を信じ、それを毎日繰り返せばよい、というのである。

なるほどこれなら、「旧仏教」が要求したきびしい戒律や学問、それに寄進も必要でなく、俗世でつましく生きる在家のままでも、ひたすら信仰によって救いにあずかれる。

このことは、階層や身分を超え、あらゆる人びとにむけた救済を可能とした。そのため、都に限らず、全国の武士や農民に幅広く浸透していくことになるのである。

大きく分類すれば、他力本願と自力本願。自分の力か、自分ではない巨きな力か、だれをたのむか、という点に違いは見られる。

他力本願を旨とする浄土系には、法然が開いた浄土宗を筆頭に、親鸞が開祖となる浄土真宗、一遍が説く時宗がある。そして、自力本願には、天台宗系の法華宗を下敷きにする日蓮宗、不《ふ》立文字《りゅうもんじ》を旨とする禅宗系の臨済宗と曹洞宗。

どれも、教義の中身も違うし、それが生まれた背景も異なる。悟りへの方法も、念仏か坐禅かの違いは大きい。それでも、一つを選んで打ち込むという姿勢には代わりはない。

またいずれも、開祖となった僧はみな、比叡山延暦寺など天台宗に学んだ経験をもっているというところに共通点がある。

これらのことから見えてくる鎌倉新仏教とは、仏教の厳しい修行のありかたの中に疑問を生じ、それまでとは違う光を求めて芽吹いて枝分かれした仏教、ということができよう。僧籍にある者たちが仏教を、いままでのままではいけない、もっと違うありかたでなければと、焦がれ、探し、彷徨したすえにみいだしたものだけに、人の心を強くつかむ力に満ちていたことも同じであった。

●それぞれが説く世界

一つ一つを見てみると、まず浄土宗は、それまでのように寺や塔、仏像などを作る必要はなく、難しい教義も苦しい修行もなしに、ただ「南無阿弥陀仏」を称《とな》えることが大切だと説く。

この法然の教えをさらに進めた真宗は、一度信心をおこして念仏を称えればただちに往生できるという「一念発起《ほっき》」や、「悪人正機《あくにんしょうき》説」を説き、地方武士や農民、とくに下層民の信仰を集めた。

一遍が始めた時宗は、踊念仏で知られるが、男女の区別もなく、浄・不浄も問わず、また信心の有無さえ問わず、万人は念仏を称えれば救われると説いて全国を遊行《ゆぎょう》した。

法華経こそが唯一の釈迦の教えであるとする日蓮宗は、「南無妙法蓮華経」と題目を唱和することにより救われると説く。身延山にある久遠寺を拠点としながら辻説法で布教し、下級武士や商工業者に支持されたが、時の権力者北条時頼《ほうじょうときより》にも『立正安国論』で、国家のあるべき姿を意見したことは画期的なありようといえる。

それは、国内的にも国外的にも危機がつのり、まさに内憂外患であったことの影響が大きい。それというのも、幕府の執権北条家で家督相続をめぐる血族間の争いが起きたり、朝廷でも、後深草上皇と亀山天皇が対立するなど、内乱の兆しが漂っていたうえに、外からも、蒙古が襲来するという空前絶後の国難がふりかかっていたのだ。

こうした背景にあって、自力で解脱し悟りに入ろうという禅宗のおしえは、政権をになう武士たちの、自力で問題にぶつかり解決していこうとする気風にかなっていた。

日蓮聖人像

栄西が開いた臨済宗は、坐禅を組み、師の与える問題を一つ一つ解決しながら悟りに到達することを説く。政権と親しかったことから、公家のみならず、幕府の保護と統制を受けたことが大きな発展につながった。

また、いちずに坐禅を組む「只管打坐《しかんたざ》」で悟りにいたることを主眼とした曹洞宗は、権力や富に近づくことなく、厳しい修行をおこなうことに意義を見た。拠点が越前の永平寺であるのも、都という俗世から遠く離れる意図であったことがうかがえる。

●海の向こうから吹いた風

新しい動きには、たえず旧勢力の抵抗がつきものだ。南都六宗や、天台宗、真言宗の大寺院は、それまで朝廷の保護を受けたり帰依されたり、密接に権力とむすびついてきただけに、新たに頭をもたげ、国じゅうあまねく広がり民衆を動かすばかりの新仏教に対し、ただならぬ警戒心を抱いたとしても無理はない。

なんといっても彼らには、最大の権力者だった白河上皇にすら、鴨川とサイコロの目と並んで、どうすることもできないとお手上げさせた「神輿《みこし》」がある。これを担ぎ出して山を下りれば、いかなる最高権力者でもたいていのことは従うほかはなかったのだ。

新興のおしえを説く彼らに布教をやめさせ弾圧するよう、朝廷に強訴《ごうそ》する動きはもちろんあった。法然や親鸞が流罪になった承元《じょうげん》の法難はその典型だろう。

しかしさすがに蒙古襲来などの国難を受け、これら台頭する新仏教を相手とする内なる争いに汲々としてはいられなくなり、みずからの刷新へと動き始める。そして、いっそう自分たちの伝統を守り、戒律を重視し、新興仏教との差別化をはかるのはもちろん、蓄積された財力によって民間に貢献するような社会事業に着手していくのである。

そこへ、さらに海の外から大きな波が押し寄せる。中国で元《げん》が滅び、宋が興ると、それまでにないほど多くの僧が渡来するのだ。蘭渓道隆《らんけいどうりゅう》、無学祖元《むがくそげん》、一山一寧《いっさんいちねい》など、幕府の帰依を受けることになった禅僧たちだ。

その中国と密接に結びついた禅宗を臨済宗として国内にひろめたのが栄西だった。

宋に留学し、最新の学術文化を学ぶ中で、ともに渡航した重源の影響によって建築技術にも通じていたことから、重源亡きあと遺志を継いで東大寺大勧進職となる。そしてこのときに得た鎌倉幕府の後援により、のちに権僧正に任じられることにもなっていく。

ところが旧仏教とは違って新仏教は、本来、権力から離れることを旨としていたから、栄西自身が僧正や大師号宣下を望んだことについて、慈円や道元といった同朋からは批判もされた。

新しい者たちどうし、批判し合いぶつかりあって、切磋琢磨、乗り越えはねかえしていくのも、その新しさと力強さのゆえだろう。他の教義を否定し自らの論を強く主張する日蓮も、伊豆に流罪になるなど、台頭する新仏教の伸びゆく過程のきしみが聞こえてきそうな気がしてならない。

●建仁寺そして妙心寺へと禅寺を行く

仲間うちからは権力志向と批判のあった栄西だが、無理もない。京都では比叡山の勢力があまりに強く、禅寺を開くなど困難な状況だったのだ。

そこではじめは、都からは遠い九州博多に聖福寺《しょうふくじ》を建てて活動を始める。そして、禅がどういうものかをわからせ伝えるために、『興禅護国論《こうぜんごこくろん》』を著すのだ。禅は戒を基本とするため、なんら従来の仏教と対立するものではないこと、禅を興して国を護り、王法鎮護となすことは最澄以来の天台宗と同じであること。ずいぶんと比叡山をはばかり、都を伺う様子が見て取れる。

のちに彼は鎌倉に移って幕府の後援を受けるのだが、北条政子によって建立された寿福寺が開山すると、幕府要人が続々と帰依していき、やがて彼のおしえは京都へも広まっていくことになる。このやり方、まっすぐ自分たちのやり方を通した法然らが敵視されたことに学んだ、実に老《ろう》獪《かい》な手腕と言うべきだろう。

その開山になる建仁寺を京都市東山区に訪ねてみた。二代将軍源頼家を開基とする臨済宗建仁寺派大本山。京都五山の一つで、俵屋宗達《たわらやそうたつ》の「風神雷神図」、海北友松《かいほうゆうしょう》の襖絵《ふすまえ》など、さまざまな文化財があることでも名高い。

残念ながら応仁の乱で焼失し、以降もたびたびと火災にあっているため、創建当時の建物は残っていない。しかし、末寺である〝ねねの寺〟高台寺や、「八坂の塔」のある法観寺に足を伸ばせば、風雨にさらされ木目を刻む大柱や、いまなお清楚さを保つ白い壁など、凛として閑静なたたずまいからは、遠い中国から伝わって日本の風土で洗練された、清新な禅寺の空気が体感できる。

建仁寺山門

さらに、妙心寺へも足を伸ばしてみた。

京都の禅寺は、鎌倉幕府の滅亡後、京都室町に幕府を置いた足利氏の庇護を受けて発展するのだが、それらを「禅林」「叢林《そうりん》」と言い、五山十刹などに統制されていった。しかしそれらとは別に、政治力とは一線を画す在野の寺院も少なくなかった。それらは「林下《りんか》」と呼ばれ、広く庶民にも門戸を開いた。花園天皇が開いた妙心寺はその代表格で、修行を重んじる厳しい禅風を特色とする。ここにもまた、権力との距離を模索しつつたしかな歴史を積んできた、一つの救いの道程の痕跡があるようだ。

日本にある臨済宗寺院は約六千か寺というが、そのうち約三千五百か寺を妙心寺派で占めるという。仏教がさまざまな変遷をとげてきた中で、まさに現代に受け継がれる巨大な組織といえるだろう。

寺の名前が京福電鉄の駅名にもなっているほど、ランドマークとしての広大さが想像できるが、実際、平安京のうちでは北西の十二町を占める。仏殿、法堂《はっとう》、三門、大方丈など、壮大な伽藍を中心にたくさんの塔頭《たっちゅう》が建ち並び、空間には、松樹千年翠《しょうじゅせんねんのみどり》、というほどに緑なす自然があふれていて、人の手になる文化と自然の対比が心を洗う。市民から西の御所と呼ばれるほどのオアシスになっているのもうなずけよう。

私も、桜の頃には退蔵院のしだれ桜、初夏には東林院の沙羅の木と、お目当てを変え何度もここを訪ねて来た。また、季節を問わず、大心院の庭の、小石一つ乱れず掃き清められた完全な美を眺めるために、いくたびとなく足を運ぶ場所でもある。経文を知らなくても坐禅のしかたを知らなくても、境内に満ちる静けさは現代人の心を落ち着け穏やかにし、きっと解脱の意味を、すぐ身近に感じさせて時間は尽きないのだ。

⑲ 金剛寺・観心寺・湊川神社

──武装の時代を生き抜いて

　長い歴史を持つ関西にあって、京都、奈良といえば都として栄えた地としての印象は強い。それにひきかえ大阪は、太閤さんの大坂城や天下の台所など、せいぜい江戸時代頃のイメージでしか歴史が語られることがない。古代の都が置かれたことや、何度も政権の周辺にあって重要な舞台となってきたにもかかわらず、これはどうしたことだろう。

　つくづく損な町である。文化歴史についての広報が下手で、仏教文化のすばらしい蓄積地であること、寺社めぐりをするなら他の道府県を圧倒する古寺名刹がひしめいていることなど、大切なことはあまり知られず、他の軽佻浮薄な流行物が優先してしまうのだろう。

　あかんで大阪、との思いも込めて、知られていない大阪文化の魅力を意識しながら時を中世へとさかのぼらせてみたい。日本という国家が統一されて以来初めて、政権は関西を離れ、鎌倉へと移ったものの、やっぱり関西、ふたたび関西、ということで、都が京にもどされてくる、その時代へと。

●関西文化の底力

政権が関東へ、初めて関西から移ったことは、ある意味、歴史の必然であったのだろう。都から遠い鎌倉の地は、心機一転、それまでの政治をリセットできるまっさらな地だ。武士というあらたな担い手によって日本を再構築していくには、必要な移転であったことには異論はない。

実際、武士たちは贅《ぜい》を慎《つつし》み、質素なままに清廉な人間関係をむすび、明快な行政のしくみを敷いて、幕府の時代を百四十年間も牽引した。

阿仏尼の書いた『十六夜日記』は、京に住む身分の高い女性が、代々関西の地に持つ荘園の領有権をめぐって紛争が起きた時、その裁定をしてもらいに鎌倉まで旅をする間の日記だが、鎌倉にはそうした民事裁判の機能がしっかり整えられていたことを裏付けている。おそらく政権が京にあったままでは、しがらみや権力の大小で、公正な採決には至らないことも多かったのではないか。長い歴史のうちで築かれた貴族社会には、さまざまな膿《うみ》がよどんでいたのは想像に難くない。

しかし、源頼朝による、目を見張るべき武家政権も、やがて滅亡の時を迎えてしまう。蒙古襲来という国家的危機があったことや、長年にわたる財政の困窮、幕府のリーダーたる執権北条家の人材不足などが原因だった。

政治の不満は国じゅうに満ち、まず後醍醐天皇を奉じた倒幕の乱が起きるが、これはかろうじて幕府が制する結果になった。幕府は後醍醐天皇を隠岐の島に流し、あらたに光厳《こうごん》天皇をうちたてる。これが、いわゆる北朝の天皇の最初である。幕府にとっては、後醍醐天皇はよほど目障《めざわ》りな存在だったのだろう。

しかし倒幕への流れは止まらない。護良親王《もりながしんのう》が吉野で挙兵、楠木正成《くすのきまさしげ》がこれに呼応。播磨では赤松円心が挙兵し、京都では足利尊氏は六波羅探題を滅ぼし、鎌倉では新田義貞が北条氏を攻める、という具合だ。

皮肉なことに、武力によって日本最初の政権をうちたてた鎌倉幕府は、また武力をもってほろぼされる運命にあったのだ。

こうして後醍醐天皇は京都に帰還。武士の手に渡っていた政権をとりもどし、みずからの親政を開始する。

一度リセットした政治なら、どこでやり直してもいいはずだが、この天皇が選んだのはやはり関西。都としての機能だけでなく、歴史と文化が醸し出す風格は、他の地方に譲れないものが確立していたからだろう。ちなみに、この後すぐに為政者となる足利尊氏も、関東武士でありながら京に幕府を開くのだから、やはり、長年王城の都となった土地の光には、無条件の魅力があったということだ。

●日本が二つに分かれた時代

さてこうした時代、武家の政治と天皇による親政とがあいいれるはずはなかった。後醍醐天皇は武家との妥協策をとってはいたが、公家《くげ》を重視するのは当然で、平安時代の政治のありかたを理想とし、それにならおうとした。しかし、荘園という土地の領有を武力による侵略によってかなえようとする武家が、それで満足するはずはないのである。土地は奪うもの、力の強い者が前に出るもの。武家政権ではそれが常識だったのだ。

こうして、建武の中興と呼ばれた政治刷新は短命に終わってしまう。ふたたび政権をかけた騒乱を征した足利尊氏は、あらたに光明《こうみょう》天皇を即位させ、ここに南北朝の時代が幕を開ける。つまり、吉野へと遁《のが》れた後醍醐天皇の皇統との、二極並立という、世にも奇妙な時代が始まるのだ。

吉野は、かつて天智天皇の後継をめぐり、皇子の大津皇子《おおつのみこ》と、皇弟の大海人皇子《おおあまのみこ》とに別れた時、大海人皇子が依った地だ。数千本の桜で知られる美しい山とはいうものの、もとは山岳仏教の霊地であり、冬には雪も積もる。そんな過酷な地に、都の御所の雅やかさを知る天皇が移り住むとは。他にも住みよい土地はあるだろうに、後醍醐天皇という人のガッツが肌で感じられることであろう。

ともかく、別な都をもう一つ立てるにしても、それは関西の範囲のうちのこと。日本という国家の来歴から見ても、天皇が関東など他の地域に出ることは考えのうちにはないのであった。そして京都と吉野、その地理的な位置から、北にある京都の天皇を北朝、南にある吉野に御幸された皇統を南朝と呼ぶことになる。

●南北朝をつないだ寺

河内国というのは、古代、海が大阪湾から深く入り込み、海の玄関として外来の人や文化を受け入れ発展した土地だ。しかし中世になると、大和川が運んで堆積させる土砂によって、かなり平野化が進んでいた。そしてちょうど地理的には、吉野を降りて京都に向かう中間地として、ほっと一息つける位置になる。逆から見れば、都を出て川を渡り、これから霊地の山々に入る、というそのふもと。

そこに金剛寺という、聖武《しょうむ》天皇が開いた奈良時代からの名刹があれば、天皇にとってはとても便利な休憩所にできる。行在所《あんざいしょ》、というのは、文字通り、天皇が行かれて在った所、実際に南朝の二代目天皇後村上天皇の行在所として使われた。

本殿の内には、自然の高低を生かしたみごとな庭園があり、鳥の声のほかにはしんとしずまりかえる緑の先にこけら葺きの館が見える。さすが天皇がお泊まりになった住まい。閑静でありながら都ぶりの洗練された優雅さが漂い、一瞬、ここが大阪であることを忘れ、京都のあまたの伝統あるお寺の一つであるかと錯覚するほど。

庭の木々も、どれも長い星霜を経た古木で、それ一本がさまざまな歴史の紆余曲折を見てきた生き証人のように、黙して立つ。そして、それらがなだらかな緩急をつけて茂る先には、また別棟の、いわくありげな優雅な館が見えている。

聞けば、それはなんと北朝の天皇の行在所だったということだ。すなわち、光厳天皇、光明天皇、崇光《すこう》天皇が、ここに来て過ごされた館なのだ。

これはどういうことだろう。想像力をたくましくすれば、それは、北朝の天皇が、はるばるここまでやってきて、南朝の天皇と対話しようと試みた、ということになる。あるいは、ここから一気に攻めて、南朝方を滅ぼそうとのもくろみもあったのか。何にせよ、南北両朝にとって、ここが接点であり、また分かれ目でもあったのはまぎれもない。

光厳、光明、崇光の三天皇は、北朝初期の三代であり、これに対する南朝は、後醍醐天皇と後村上天皇が対応した。これらの天皇たちは、国家にとって皇統が二つに分かれることの不自然さと不効率を誰より鋭敏に意識していたにちがいない。だからこそ、歩み寄り、反発し、なんとか皇統を一本化するため、さまざまな努力がなされたはずなのだ。

その努力こそ、ここ行在所が示し、後世に伝えたいものとはいえないか。寺がこれほど優雅で洗練されているのも、ここに長く天皇が滞在されることを想定して整えられた結果であろう。激しい争いはなかったにせよ、分裂し対立しいがみあうことの不幸を、なんとか避けたいと願った人々の心の軌跡がここにある。

とりわけ南朝の天皇は、ここを勅願寺としたのである。その「願」が何であったか、もう我々の想像力はたやすく同じものにたどりつける。仏教によって国家を鎮護しようとした彼らの先祖、聖武天皇の息吹をそこここに感じながら、六百年あまりの歳月を経た子孫の天皇たちが願うこともまた同じ。国家の安泰以外には、何の私心もなかったことであろう。

空海も修行をしたという由緒の境内をめぐってみると、山号を高野山にちなむ「天野山」とするだけあって、赤い社殿の丹生高野明神社が鎮座するのを目にできる。これは高野山の壇上伽藍と同じことで、在来の神を尊重し、そこに仏を置くからと言って神を粗略にはしなかった空海の心そのもの。日本古来の神仏習合の痕跡といえる。

また、星霜を経て古さびた多宝塔の美しさ。摩尼院ほかの堂宇にも、山の自然中に調和した気品の高さが滲《にじ》んでいる。饒舌に何かを押し出してくるのでなく、ただ黙してそこはかとなく存在を守るこの寺のありように、心がなごやかにおちついていくのを知る。

●祈りがこもる建てかけの塔

都の騒乱の周辺にあって、いくたびとなく焼かれ燃やされ失なわれていった大阪の貴重な歴史の生き証人。金剛寺の文化財がこうして残ったのも奇跡に近いことだが、大阪府で一番の国宝を有し、いまなお時間の支配の外にたたずむような閑静な寺が、同じ河内の領内にある。河内長野市にある観心寺だ。

開基は大宝元年（七〇一）、役行者《えんのぎょうじゃ》によるという伝承のある古刹である。役行者が入ったとなると必ずといっていいほど足跡が重なる空海も、大同三年（八〇八）にこの地を訪れている。そして、ありがたい仏様を感じてみずから刻む――といった縁起はすんなり想像できそうなのだが、なんと、空海がこの地に勧請《かんじょう》したのは北斗七星だった。北斗七星を祭る寺は、日本では観心寺が唯一で、ほかには見当たらない。境内にはこれにちなんだ七つの「星塚」が残り、なんとも神秘な気分をかきたてる。

空海は弘仁六年（八一五）に再度ここにやってきて、如意輪観音像を刻んで安置し、「観心寺」の寺号を与えたことになっており、それが寺名の由来になっている。

空海が手ずから彫った仏がご本尊、という寺は少なからずあるが、ここの如意輪観音像はまちがいなく九世紀の作とされることから、あながち伝説だけではないようだ。ほかに安置されている金銅仏四体も、奈良時代にさかのぼる作になる。

国宝の『観心寺縁起資材帳』によると、空海の一番弟子であった実恵《じちえ》の意を受け、弟子の真紹が造営を始めたことがわかる。これが天長四年（八二七）。

国宝の金堂は南北朝時代に建立されたもので、様式は、伝統的な和様と禅宗様の要素が混在しているという「折衷様《せっちゅうよう》」建築の代表作だ。正平十四年（一三五九）には後村上天皇の行在所となっているから、先の金剛寺同様、吉野へ御幸される途上の居場所として、当時の建築技術の粋を尽くして建てられたことが納得がいく。広大な境内は、そこに立つだけで伸びやかな気持ちになり、まるで別の世界の空気が流れるような風格を感じずにはいられないのだ。

観心寺建掛塔

しかしこの寺について地元でもっともよく知られていることは、楠木氏の菩提寺であるという事実だ。なんといっても目を引く「建掛塔《たてかけとう》」。そこには、戦前、教科書にも載るほどの英雄だった正成という人物の心根を突きつけられるようなストーリーがある。

鎌倉幕府滅亡の折、護良《もりなが》親王の挙兵に応じて正成も千早城で旗揚げするが、その時、建武の新政の成功を祈願して発願したのがこの塔だという。三重の塔は、一層目まで姿を現したものの、造営途上で、ふたたび正成は出陣しなければならなくなった。後醍醐天皇の建武の新政に対し、足利尊氏が反旗をひるがえしたためである。

尊氏を討つため、武将として正成はさまざま戦法を献策するが、戦い慣れない天皇にすべて却下されてしまう。その結果、負けると知りつついくさに向かうのだ。そして案の定、湊川の戦いで討ち死にの最期をとげる。

施主を失った塔は、建築の中断を余儀なくされ、そのままになって現在に至るというわけだ。

●悪党は野にあってこそ

明治以降、「大楠公」と呼ばれて、天皇への澄みきった忠誠心を讃えられた正成。その業績は、まず江戸時代、水戸黄門として知られる徳川光圀《みつくに》が評価した。いまも湊川神社には、光圀がみずから揮毫した石碑が門前に建っている。そこが忠臣正成の最期の地でありながら、当時は振り返る者とてなく荒れ放題になっていたのを嘆いてのことだった。

明治になって、ここに湊川神社が建てられると、彼は一気に日本国民のお手本としてまつりあげられる。たとえ天皇が間違っていて、こちらが進言した必勝策を却下しても、それでもさからわずあえて滅びの道に従う。――それがお手本?

どこか違うな、とは思いながらも、彼は実際、教科書の上で、国民に知られる顔となった。当然ながら戦後はひきずりおろされ、皆から忘れられていくことになるのだが。

そんな彼も、ほんとうの顔は、鎌倉幕府からは「悪党」と呼ばれる精悍な男であった。悪党とは、既存の支配体系に組み込まれずに、野にあって独立し、対抗した者のことをさす。支配者からみれば、「悪」とは、命令や規則に従わないことであり、庶民から見れば、そんな姿がいかにも痛快で、その強さや力がたのもしく映っただろう。

実際、正成は、この一帯から産する水銀による富を後ろ盾に、中央政権におもねる必要のない足場をもっていたようだ。旧幕府からも、天皇方からも、両方からさかんに引きはあっただろうが、餌としてぶら下げられる中央政府での地位や官位には目もくれなかった理由には、そういう自立の強みがある。

そして彼は公正な心でどちらの味方に付くかを選び取る。それが、千年以上この国の正当な王として存在する天皇家であったのは、迷いのない答えだったろう。滅びると知ってさえ、彼は上に戴く主に、最後まで尽くして散っていく。

こんな「悪」の男を、同じ「悪」の男が軽んじようはずもない。敵とはいえ、足利尊氏も、戦に勝った後には彼に対する礼節を欠かなかった。「むなしくなっても家族はさぞや会いたかろう」と、討ちとった正成の首を、この寺に送り届けてやるのである。足利寄りに偏った『梅松論』という史書ですら、清廉な正成への敬意は篤い。そのことからも彼の人柄がおしはかれよう。境内には、この首を弔った首塚がひっそりとたたずんでいる。

建てかけの塔は、その後、正成の志を継ぐ者もなくそのままにされて国の重要文化財となっている。

しかし、それでいい、と思ってしまうのはなぜだろう。施主なき後も、塔は、彼の熱い心と生きざまを無言で示し、移ろいゆく時代の中でただ立ち続ける。施主であった「悪」の男が、それ以上のことを何も望んでいないことは、ここに立てばよくわかるのだ。

⑳ 當麻寺〜道成寺
──おんなたちの神・ほとけ

●語り継がれた物語

一人の人が誕生して、育って、生きて、そして死んでいくまで、だれでも必ず一編の物語が書ける。それと同様、どんな小さな寺や神社も、それが誰によって、何のために作られたかが、一つの立派な物語になっている。

いわゆる神社や寺の「縁起」であり、鳥獣戯画で有名な高山寺の縁起や、飛び倉などの説話が盛り込まれた信貴山《しぎさん》縁起絵巻など、時代を映す文化財としても貴重なものだ。もっとも、本来の目的は創建の背景となった使命と経緯をとどめるためであったから、少なからず説教臭く、信心をすすめようとする意図が露骨であるのは否めない。それでも、わかりやすいよう絵巻や絵図など文字ぬきにしたスタイルも多く、広くたくさんの人に親しまれるのに貢献してきた意義は大きい。遠い昔に生きた高僧が開いたとか、天皇の勅願であったり権力者の菩提寺であったりと、名高い人にまつわる縁起はそれだけで物語としてインパクトがあるものだ。

しかし、そうではない人々がかかわる物語でありながら、長く語り継がれ、能や歌舞伎など芸能作品の題材となって絵巻で見るよりずっとたくさんの人に知られてきたものもある。

多くの人に親しまれ長く愛されてきた物語とは、やはり魅力的な登場人物がいて、目を見張るような行動をして、ハラハラドキドキ、それでも共感せずにはいられない余韻を残す。

それらがおうおうにして女性が主人公であるのも興味深い。現代のように、女性が自分の好きな道を選んで夢をかなえ、自己実現するなど考えられなかった昔だから、思い通りに生きられない心の負担は重く、煩悩となり、死をみつめるほどに苦しんだだろう。

なのに、救いを求めた寺や僧侶は、女人禁制を掲げて、固く門を閉ざすことも少なくなかった。そこに悲劇が生まれ、また、乗り越えていく姿には希望が生まれ、人間の可能性を探らせた。人はそれゆえに心を揺さぶられ、その航跡を語り伝えずにはいられなかったのだ。

さしずめ現代ならばブログやSNSで発信するところ。しかし当時の人は口から口へと語り継ぎ、絵の描ける者は絵巻に残し、字の書ける者は物語に綴り、あるいは舞台で演じて大勢に伝えた。そのプロセスで、人は何を汲み取り、何をわかちあってきたのだろう。

時代を変え所を違えても人の心で生き抜いた物語。寺を介して連綿と伝わる普遍の物語のいくつかをひもとけば、彼らの求めた幸せや充足、人生の価値が、少しはわかるかもしれない。

●當麻寺に夕日は落ちて

大和の国では、東の三輪山《みわやま》から太陽は昇り、はるか奈良盆地の上を進んで、やがて夕日となって西の二上山に沈んでいく。

その名のとおり、雄岳、雌岳と二つの頂上を持つ二上山。茜色に焼けた落日は、この二つの峰の間に沈んでいくのである。

そのため人々は、万物の生命を象徴する太陽が没していくこの山を、死者の魂が向かう先であると考えた。後世には、西方極楽浄土の入口ともみなされることになり、死を意識し、いまの生を考える人々にとって、二上山は特別な山であった。

そのふもと、奈良県葛城《かつらぎ》市當麻地区に、當麻寺《たいまでら》はある。新字体では当麻寺と書く。

開基は聖徳太子の異母弟・麻呂古王とされるように、七世紀創建。この地に勢力をもっていた豪族葛城氏の一族である當麻氏の氏寺として建てられた。本尊は金堂にある弥勒仏で、四天王、梵鐘などの白鳳美術とともに、創建時の天武朝の様式をしのばせる。また古代の三重塔が、東塔と西塔、一対で残る景観は、近世以降の建築を除けば、他では見られないものである。

だがなんといっても名高いのは當麻曼荼羅だ。

その信仰は中世から近世へと引き継がれてきたが、それをささえているのが曼荼羅にまつわる中将姫《ちゅうじょうひめ》伝説である。毎年多くの見物人が集まる五月十四日の練供養会式《ねりくようえしき》も、當麻曼荼羅と中将姫にかかわるもの。すなわち、極楽浄土の光景を壮大な規模で表した曼荼羅を、蓮の茎からとった糸で織り上げたのが中将姫とされている。

父は藤原豊成《ふじわらのとよなり》。曾祖父の鎌足以来、天皇家のそばにあって権力をふるった藤原家は四兄弟が牛耳っていたが、天然痘の猖獗《しょうけつ》によって父の武智麻呂をはじめ四人とも急死したため、急遽、藤原氏の筆頭となった人物だ。弟は後に頂点をきわめる恵美押勝《えみのおしかつ》。藤原仲麻呂である。

そして母は親王の娘という高貴な出で、夫婦は長い間子どもに恵まれず、長谷寺の観音に祈願してやっと授かったのが中将姫だった。

平安時代から世間に広まった話だけに、姫の姿は十二単衣姿で描かれることもあるが、背景は天平時代。奈良に都があった時代だから、風俗としては中国風の衣装でイメージしなければならないだろう。

●中将姫の生涯

残念ながら母は姫が五歳の時にこの世を去る。そして父豊成が後妻を迎えたのが七歳の時だ。みめうるわしく聡明な姫であった、というのは物語の大前提だが、九歳で孝謙天皇に召し出され楽器の腕を披露するほど。

継母としては、もちろんわが子が誰よりかわいいはずで、天皇家への入内がかかった身分であれば、先妻が残した娘と競う気持ちはつのるだろう。実際、十三歳になった姫は、三位中将の位を持つ内侍となり、やがて十六歳で淳仁天皇の後宮に求められるほどの存在となるのだから、継母の妬《ねた》みは高じていき、折檻《せっかん》におよぶほどの虐待が始まる。ついには家臣に命じて殺させようとするあたり、『白雪姫』をひきあいに出すまでもなく、洋の東西を問わぬ「女の業」の深さであろう。

當麻寺西塔

片や、中将姫は、命乞いもすることはなく、極楽浄土へ召されるために読経を続けるというから、家臣にどうして殺せようか。
山に置いて帰られた姫は、宇陀の雲雀山《ひばりやま》に隠れ住むが、白雪姫を守った七人の小人同様、彼女から離れず守ったものがあった。それが人ではなく一経典であったというから、日本の姫は、西洋の姫に比べるとかなり精神年齢が高かったといえそうだ。姫は、ひたすらお経を唱えることで、身の不安も跳ね返し、心の平安を得ようとした。

やがて父に救い出されて都に戻ると、一千巻の写経をなしとげる。その瞬間、姫は落日に染まる西の空に浮かんだ神々しい光景を目の当たりにしたという。

夕陽に浮かび上がる阿弥陀仏と、夕空いっぱいの極楽浄土。その光景を地上に求め、姫は都を離れて旅に出る。そして、心に念じる観音様に導かれ、夕陽が没する二上山の麓にたどり着くのだ。

そこには當麻寺があったものの、修行道場であるこの寺は女人禁制。姫は入山を許されず、門前にある石の上で一心に読経を続けるほかはなかった。

そして数日。熱意に打たれた住職は、ついに女人禁制を解き、姫を迎え入れて剃髪《ていはつ》してやる。天平宝字七年（七六三）、中将姫は法如という尼になる。

當麻寺での尼僧としての業績は、かつて見た夕空の中の阿弥陀仏を再現することだった。これが、蓮の茎からつむいだ糸で刺繍《ししゅう》したと伝わる国宝の綴織《つづれおり》當麻曼荼羅である。

多くの仏や聖《ひじり》衆、獣や鳥たちまでもが互いに慈しみ合って調和の世界を営んでいるマンダラ（mandala）世界。周囲に『観無量寿経』に説かれている釈迦の教えも描かれており、法如は人々にそれを見せながら教えを説き続けた。

そして十二年の歳月が流れた時、阿弥陀如来を先頭に二十五菩薩が彼女のもとに来迎する。臨終の時が来たのだ。伝説では、法如は生きたまま極楽浄土へ旅立ったと言われる。二十九歳の春だった。

●曼荼羅が示す理想世界

織物の中央には阿弥陀仏。その左右に観音菩薩と勢至菩薩。さらにさまざまな天人たちが集っている當麻曼荼羅の構図には、人々がそれぞれ心を調え、菩薩の心に近づくための『観無量寿経』に説かれている観想法も記されている。お経に書かれたおしえは難解だが、曼荼羅という手法を借りれば、一目瞭然、絵によって深い世界を示すことができる。しかも當麻曼荼羅は大きいため、大勢を集めて、一度におしえ導くことを可能にした。

法如の没後も、曼荼羅によるおしえは受け継がれ、転写本も次々と作られて、全国に広がっていく。鎌倉時代になると浄土信仰が全国に浸透するが、浄土宗や浄土真宗などの教団は「欣求《ごんぐ》浄土《じょうど》」の象徴として當麻曼荼羅に注目し、布教の折にこれを巧みに使った。

中将姫が願った美しいマンダラ世界。中之坊住職の松村實昭さんによれば、當麻曼荼羅は単なる極楽浄土の風景画ではなく、この世に調和の世界を築こうという願いと、それを実現しようという教えと、それを支えるほとけさまとが描かれているという。

なるほど、曼荼羅の前でしずかに座り、描かれた人や仏や動物を隅々まで眺めていると、気持ちがだんだん落ち着いてくる。中之坊では、写経ならぬ写仏を体験することで心を洗う時間を持つこともできる。静かな庭に面した写仏道場で、墨を刷り、尊い仏の絵をなぞっていくと、一心に筆に思いをこめる間は自分をみつめて気持ちの調和がはかれるのだ。

●安珍・清姫の舞台となった道成寺

さてもう一話、何百年も語りつがれている姫の物語を紹介したい。

道成寺《どうじょうじ》、といえば子供の手まり歌にもなっている永久不滅のお話といえるだろう。

トントンお寺の道成寺
釣鐘下ろして　身を隠し
安珍清姫　蛇に化けて
七重に巻かれて　一廻り　一廻り

わらべうたから高度な謡曲まで、道成寺は、さまざまな作品の題材になった数では群を抜く。芸能に限らず絵画や文学にも取り入れられ、「道成寺物《モノ》」とジャンル分けされるほどで、いまもなお新作が次々生まれているくらいだ。

列挙すれば、能の『鐘巻』、『道成寺』、長唄の『紀州道成寺』や義太夫節『日高川』、人形浄瑠璃の『日高川入相花王』、歌舞伎の『京鹿子娘道成寺』、『奴道成寺』、『二人道成寺』、『男女道成寺』などなど、誰もが一度は見たことがある作品ばかりといえる。

もちろん、先述の中将姫も、世阿弥による謡曲や近松門左衛門作の浄瑠璃の題材になったが、一徹できまじめな聖女としての中将姫のキャラクターに比べ、道成寺のほうは、女の情念をむきだし苦悩する清姫が、よりいっそう人間味あふれ、多くの人々に衝撃と共感を呼ぶのだろう。

なにしろ、数十キロの道のりを、恋しい男を追って走りに走り、ついには人間の姿でいることももどかしく、蛇に姿を変えて川をも泳ぎ渡るという激しさだ。そしてついには男が逃げこんだ道成寺で、彼が隠れた寺の鐘ごと、化身した蛇の姿でぐるぐる巻きにしたあげく、焔で焼き切ってしまう、という猛烈きわまりないストーリーなのである。

何が彼女をそこまでの熱情にかりたてたのか。いや、逆に、安珍はいったい彼女をそうさせるほどの、どんな恋の火種を撒いたのか。

穏やかに花が咲き、のどかな空気が流れる境内からは、そんな烈しい事件が起こったことなど想像もつかない。

もちろん道成寺は、この物語がすべてではない。紀州第一の古寺だけに、宝佛殿は文字通り文化財の宝庫。国宝三点、重要文化財十一点、県指定文化財四点という、みごとな価値の仏様がずらり並んだ殿内は、足を踏み入れるだけで圧巻だ。しかも年中公開しておられるので、いつでも参拝させていただけるのがありがたい。

本尊は檜《ひのき》の一木造りの千手観音。脇侍として日光、月光菩薩が立つ神々しいお姿がある。緑茂れる〝木〟の国・紀州ならではの恵まれた材質といえよう。西暦九世紀頃の作というから、安珍清姫の事件もこれら仏像の眼前でくりひろげられたことになる。さてどんな思いでご覧になったものやら。

道成寺を訪ねると、住職の小野俊成さんはじめ僧侶の方々によって、寺に伝わる絵巻をよどみのない美声で「絵解き」してくださるのも楽しみの一つだ。

●清姫を突き動かした恋

時は醍醐天皇の御代、延長六年（九二八）、夏の頃である。奥州白河から熊野に参詣に行く僧がいた。安珍というこの僧は、いまで言うビボーズ、女性を惹きつけずにおかない美男であった。小野住職によれば、もとは都の貴種《きしゅ》の筋で、はるばる紀州へ旅するだけの体力があり、道中、日にも焼けてワイルドな空気を放つ若者であったろうと推察できるらしい。狭い世界に暮らす娘にとっては未知の世界を漂わせる男。心ときめかさずにいられない条件をそなえていたようだ。

そんな安珍だから、一夜の宿をたのんだ紀伊国牟婁郡《むろぐん》真砂《まなご》の庄司清次の娘、清姫が一目惚れするのも無理はない。身を投げ出して迫るのだが、熊野に参拝途上の安珍は、修行がある身。帰りにはきっと立ち寄るからと騙して、彼女をかわすのだ。清姫はそれを信じて待ち続けるが、彼は参拝後、彼女の元には立ち寄ることなく、逆に足早に通り過ぎてしまったのだった。

ここまでならばはかない悲恋物語だが、清姫というヒロインのバイタリティはここからがすごい。騙されたことを知って怒ると、裸足で追跡、道成寺までの道の途中で男の足に追い付くのだ。恋の力は、尋常ではない。

一方、安珍はといえば、再会を喜ぶどころか、別人だと嘘に嘘を重ね、さらには熊野権現に助けを求め清姫を金縛りにした隙に逃げ出そうとする。いったいどうして？　ひどくないか、安珍さん。

それもそのはず、熊野参詣の満願までは、女の身に触れてならない戒律があり、ここで情に流されればいままでの苦労が水の泡。彼の気持ちもわからぬでない。

しかし、清姫の怒りは天を衝く。こうなれば意地。清姫は蛇に化けてさらに安珍を追跡する。どこまでも、どこまでも。

いやはや、少し優しい言葉をかけるだけで後の悲劇は止められたのではないかと気の毒になるが、安珍はかたくなに逃げに徹する。日高川を渡り、女人禁制の道成寺に逃げ込み、ほっと一息。釣り鐘の中に匿《かくま》われる。

ところがそうは問屋がおろさない。なにしろ清姫は蛇の姿。火を吹きつつ川を自力で渡り、渡し守にさえ、後から来る自分を自分を乗せないようにと手はずを残した安珍を、もう許すはずもない。梵鐘ごと巻き付いて、内に隠れた安珍ごと焼ききってしまうのだ。そして安珍を滅ぼした後、清姫は蛇の姿のまま入水したという。

かなわぬ恋に滅んだ心は、烈しくも悲しく、大迫力のクライマックス。けれども、物語はその後、文字通り蛇足のような後日譚で二人を語る。

すなわち、蛇道に転生した二人が、その後、道成寺の住持のもとに現れて供養を頼むというもの。住持の唱える法華経の功徳により、二人は成仏するが、実はこの二人はそれぞれ熊野権現と観世音菩薩の化身であり、法華経のありがたさを讃えるための物語であった、としめくくられる。

現代っ子らは、なーんだ、と反応するエンディングだが、昔の人には、すべてを納得するため不可欠な落としどころだったのだろう。

苦しみ、のたうつ現世の姿が、ほとけとともに平安を得る。それは、ハリウッド映画が必ずハッピーエンドのハグとキスで閉じられるのと同様、国民的お約束として心の余韻を整えたのに違いない。

物語は、人を語る。愛され続け生き続ける物語は、なおさら、自分たちの生の姿を映し出しているようだ。

㉑ 根来寺〜智積院・坐摩《いかすり》神社

――〝物づくり〟を促してきた神社と暮らし

高野豆腐、金山寺味噌、聖護院八つ橋、當麻寺の陀羅尼助丸……。日本人の文化の中には、寺院の暮らしに深くむすびついて生み出されたものが少なくない。どれも、土地の特色を生かし、そこに住む人ならではの知恵でひねりだした、さすがと唸るアイデア品だ。

食文化のみならず、美術、建築、演劇、文学、……寺や神社が日本文化にはたした役割を数え上げればきりがないが、風土の恵みと人の知恵とが融合しあって生まれたわざは、時代を超えて、なお残る。なぜならそれがもっともこの国に適していることを、時間が証明してきたからだ。

人の暮らしに入り込み、やがて世界に誇る伝統となっていった物づくり。その手わざとこころの歴史にふれてみたい。

●世界がため息をついた日本の手わざ

日本は「物づくり大国」とよく言われる。近代化以来、世界の市場が求めた品の多くを、トップ水準の質で作り続けてきたからだ。造船しかり、家電製品しかり、自動車しかり、IT製品しかり。安さを求める風潮にあっても、メイド・イン・ジャパンのクオリティの高さは、揺るぎなく評価されている。

それにはそもそも、遺伝子ともいうべき伝統があったようだ。

明治の初め、日本にやってきた外国人たちは、買い物に出るたび、ありふれた日用品にもかかわらず繊細な細工がほどこされた品々に目を見張った。そして、それらが市井に暮らす名もなき職人たちの作と知って、二度、感心した。すっかり魅せられ、片っ端から買い集めたコレクターもいるほどだ。

たとえば華族女学校の教師として赴任したアリス・ベーコン女史は、日本滞在記の中で、こんなことを書いている。

職人に煙草入れとキセルを作らせたところ、みごとな細工があるのでうれしくなった。ところが、それに対する手間賃は要求されず、なお驚いた、と。そしてこう結論を下すのだ。日本人はものを作れと注文されても、〝何でもないただの品〟を作ることはできない、〝美しい品〟を作らないと気がすまない人々なのだ、と。

言い得て妙、とうなずかずにはいられない。

几帳面で、正確で、美的感覚が研ぎ澄まされた日本人の国民性は、開国当時、目の肥えた西洋諸国の人々をおおいに嘆息させたことが推測できる。

同時期、政府から雇われて来た美術家フェノロサが、法隆寺はじめ奈良の古刹で、秘仏として祀られていた仏像を見て、芸術性の高さに感嘆したことは有名だ。しかし、ベーコン女史が言うように、美術的なものに何ら価値などはかろうとしない日本人の性質は、この場合には裏目に出た。廃仏毀釈で、国宝級の仏教美術も、価値なきものとして捨てたり壊された事実は、嘆かわしい歴史として刻まねばならないだろう。

かろうじてフェノロサら価値を認める外国人がコレクションとして海外に持ち出してくれたことは、ある意味、日本の文化にとっては救いであったかもしれない。昨今、里帰り展示で話題を呼んだボストン美術館の日本コレクションのように、タイムカプセルを開けて現代日本人が対面できたし、先人のすばらしさを誇りにも思わせてくれた。それが日本人の手によって守られなかったことのみ、残念だが。

ともあれ、日本の職人たちが、その手間に対価を求めなかったことは確かである。もしも彼らに報酬があるとしたら、それは金などではなく、これ以上ないほどみごとに仕上げたという自分の満足、そして職人としての誇り以外になかっただろう。

そういう背景の中で、日々の食事に使う器を作る、という必要性が生まれてきたら――。

●生活から生まれた美

鎌倉時代から南北朝にかけて隆盛をきわめた紀州の根来寺《ねごろじ》では、何万人もの僧が暮らしており、日々、膨大な数の食器が必要だった。

日本の食習慣では、食事の際には広間に膳を運び、器を手に取って食べる。だから、軽いものがいいし、持ちやすいものが求められる。なお欲を言えば水分を入れても変色せず、熱いものを入れても手に持てるものが望ましいのだ。さて、どう作る？

職人たちの答えは簡単だった。なんといっても根来寺がある和歌山は〝木〟の国・紀州。材料としての木材はふんだんにある。長く愛着をもって使えるものにするために、これも木の国、山の漆《うるし》を塗り重ねれば、丈夫で美しい品ができあがる。

塗っては乾かし、乾いては塗り、何重にも何重にも手間と暇とをかけた品。まさに職人の忍耐がなければ生まれ出なかった発想だ。

こうして〝根来もの〟といわれる漆器が生みだされた。

ご存じの通り、漆器の英訳の単語はjapan《ジャパン》。そう、陶器をchina《チャイナ》と呼ぶように、まさにこの品をもって日本を象徴させる、お家芸ともいうべき手わざである。それは根来から広まった。

人が日々使う什器として、必要性から生まれたのだから、極端な話、使えればよいいし、勝手がよければそれでいいはず。

だが、漆の語源は、「潤し」「麗し」にあるという。漆器の光沢やなめらかさ、つややかな色目とぬくもりのある手触りは、たしかにその名にふさわしい。

長い歳月、使いこむほどに上塗りの朱の色がこすれて剥げて、下地の黒漆が顔を出し、意図せぬ模様が現れゆくのも味わい深い。それは、機能性だけに終わらない、愛着を呼ぶ趣《おもむき》を持つ。〝何でもないただの品〟など作れずに、〝美しい物〟を作ってしまう日本の職人たちが生み出した、「用の美」がそこにある。

●根来塗りの発祥と現在

森の木々の恵みと職人わざ。そんな漆塗りを発祥させた根来寺は、和歌山県北部の岩出町にあり、一時、寺内には大規模な工房があって、優れた工人が大勢、働いていたという。

根来寺は、もとは高野山の座主《ざす》にもなった覚鑁《かくばん》が建てた伝法院をルーツとする。鳥羽上皇の帰依を受けて広大な荘園を寄進されるなど、強大な勢力を誇った覚鑁は、空海以来の名僧と言われる人物だ。時代が進み、腐敗の進んでいた高野山を改革するなど、業績もめざましいが、山内の衆徒からの揺り返しは避けられず、対立が激化。拠点を高野山から移さざるをえず、紆余曲折のすえ、到達したのがここ根来であった。

「根来寺伽藍古絵図」には、一山を総称する根来寺のうちには、法会《ほうえ》を営む堂塔伽藍や院家の数、三百から四百が描かれている。室町時代末期の最盛期には坊舎だけでも四百五十という数字が見え、驚嘆すべき壮大さだ。当然、その寺域内には人が集まり暮らしていたわけで、一大宗教都市を形成していたことになる。寺領は七十二万石というから、生半可な大名なら足下にも及ばない。外からの圧力に対して自衛しながら寺を営むについて、根来衆とよばれる武装した僧兵がこれに当たった。その数、なんと二万あまり。もはや一大軍事集団といってよかった。

戦国時代に日本を訪れたルイス・フロイスも、強大な勢力をもつ根来寺のことを『日本史』にも紹介しているほどで、外国人の目にも、特筆すべきものとして映っただろう。

●もうひとつの〝根来もの〟

こうした日用品から生まれた漆塗りとはまた別に、根来寺がもうひとつ、日本の歴史にもたらした物づくりのわざがある。

それは、什器という平和産業とは対照的な、人殺しの武器だった。

そう、鉄砲である。

種子島《たねがしま》に伝来した火縄銃は、教科書などにはあたかも一挺だけのように書かれているが、実は、根来寺にももう一挺、持ち帰られていたのだった。

天下取りを狙う戦国大名どもが喉から手が出るほど欲しくても手に入らない貴重な品の鉄砲を、一寺院が悠々、ゲットしていた、という驚きの事実。だが、一万と言われる数の僧兵の存在や、大大名なみの経済力をもってすればうなずける話だ。やがて寺には根来衆による鉄砲隊まで作られていく。

鉄砲の伝来は、一説によれば日本の戦国時代を三百年早く終わらせた、とも言われている。ただし、それが戦国の中心地、関西にもたらされていなければ話は違っていただろう。根来寺に持ち込まれたことで、お膝元の堺や雑賀《さいが》で研究が進み、鉄砲鍛冶という産業を興したのだ。彼ら職人たちのたゆまぬ努力で、鉄砲はさらに改良され発展し、逆に東南アジアにも広まっていくほどになる。そして織田信長が武田勝頼を打ち破った長篠の戦いに見られるように、三段構えで用いられるほど鉄砲は普及し、日本はそれを初めて目にして以来わずか数十年で、世界一の鉄砲保有国となっていたのだ。

けれども、強さを競う武力は、いつか、より強力な武力によって打ち負かされる定めにある。天正十三年（一五八五）、寺社勢力の増大を危惧した豊臣秀吉は紀州根来に攻め入り、根来寺は全山、焼き打ちに遭う。そして、大塔や大師堂などわずか二、三を残し、見る影もなく消失するのだ。

現存するのは、見上げれば巨大な印象の大塔が一つ。高さ四十メートル、幅十五メートルという日本最大の多宝塔で、国宝である。解体修理の際、基部に秀吉に攻められた際の火縄銃の弾痕が残されているのがみつかり、戦乱の烈しさがしのばれた。

そしてもう一つ、消失から免れた大師堂も、国指定の重要文化財となっている。

築くにはとほうもない資金と労力を費やした仏教の殿堂も、消失するには一日でも余る。守るということの大変さ、残るということの意義深さを、根来寺はもの言わず伝えているように思える。

この焼き打ちによって、塗り物の工人たちはちりぢりになるが、和歌山県の海南黒江を始め、輪島や薩摩に行き着いて、根来塗の技法を伝えることになるのはせめてもの僥倖《ぎょうこう》だった。おかげで根来塗は日本漆器のルーツとなって、今日に受け継がれるのである。

●志は生きて

むろん、この焼き打ちを遁れたのは職人たちだけではない。法灯を守る僧たちも懸命に命脈をつないだ。

根来寺内にあまたある塔頭《たっちゅう》の一つ、智積院の住職であった玄宥《げんゆう》は、根来攻めの始まる前に弟子たちを引きつれて寺を出、高野山に逃れていた。その後、時代を経て、ようやく復興したのが、現在京都市東山区にある真言宗智山派総本山である。山号を五百佛山《いおぶさん》、寺号を根来寺というのもゆかりの深さがうかがえる。

もっとも、復興のために徳川家から与えられた場が豊臣家ゆかりの禅寺であったとは、なんという因縁であろうか。晩年、世継ぎに執着した秀吉が、三歳で死去した愛児鶴松のために建てた祥雲寺の寺地、というのが現在の立地なのである。

京都国立博物館のある七条通りと東大路通りとが突き当たるT字路に面した総門は、観光で京都を訪れる人も、一度は前を通ったことがあるかもしれない。桃山城の遺構といわれる大書院や、それに面した庭園は千利休好みと言われ、国の名勝に指定されているほか、国宝に指定されている長谷川等伯一派の障壁画は、観光客から人気が高い。

それら現存する障壁画をよくよく見ると、一部、なにやら不自然な継ぎ目があるのがわかる。それは、これらの障壁画が飾られていた祥雲寺の客殿が天和二年（一六八二）に火災で全焼した時、僧たちの懸命な努力で大部分が無事に運び出されたものの、隅が焼け焦げたり、あるいは背負いやすいよう端の幅を調節したりと、損なわれた箇所の痕跡だという。

かつて焼き打ちに遭った根来寺の遺伝子は、こんな時

根来寺の大塔

にもよみがえった。まず生きる、そして残す、という志を、確実に後世の人に伝えたのだ。

●物づくりの神様、大阪に

人の手から、人の心へ。物を作るだけでなく、技術を伝え、守る人々の思いは、こうして長い歴史の中で文化となり、精神となった。

名もなき職人たちから、国宝となった絵師の襖絵まで。先人たちが我々に残してくれた文化という名の尊い遺産は、この国の中には計り知れず息づいている。

そして、それら先人たちの、ため息の出るようなわざを目にすると、いまを生きるクリエーターたちは、自分にもまた一生をかけた逸品を生み出せるようにと、祈らずにはいられなくなるものだろう。

一週間かけて地球の生きとし生けるものを自分の手でこね、造形していったのは西洋の神だが、日本は万能の神の手によらず、火や土や木といった、自然の恵みを複数借りて創り出すという思考が大きい。それは、人間の力が万能ではないことを熟知しているからであり、おのれの力に奢《おご》らず、謙虚になってものをみつめなおす姿勢がいかに大事であるかをさとしているのだ。

大阪市中央区の市街地のどまんなかにある坐摩神社へは、そんな物づくりにたずさわる人々がよく足を運ぶ。どうがんばっても「いかすりじんじゃ」とは読めないのは、式内社という歴史の古さや、摂津国一宮を称する由緒を照らすと、漢字伝来以前からの古社につきものの字の充《あ》て方によるかもしれない、と納得ができそうだ。いまでは「ざまじんじゃ」と呼ばれることの方が多いというのもうなずける。

住居守護の神、旅行安全の神、安産の神。商都大阪の産業をささえた、船場の守護神的存在にもなっている。

南御堂の西隣に位置しているが、そもそも天正十年（一五八二）に、豊臣秀吉が大坂城を築くについて替地を命ぜられ、ここに遷座されたものだという。鎮座地名は渡辺で、元の地名も移してきたそうだが、全国の「渡辺」「渡部」という姓の発祥の地でもあるというから、渡辺さんたちは知り置かれたい。

その敷地内に、「陶器神社」がある。まず目につく狛犬は瀬戸焼きの青磁、手水は信楽焼きの黄瀬戸釉、灯篭は有田焼の染付祥瑞、というふうに、さすが陶器神社、と興味深い。当然ながら陶器商人の守護神として信仰を集めている事実が一目瞭然に迫ってくる。

しかし祭神は大陶祇神、迦具突智神で、「おおすえつちのかみ」と読む。日本書紀では、「陶都耳命」という名前で登場する神様で、「スエ」や「陶」の字からは土をイメージさせられるが、本来は崇神天皇が疫病終息を祈願して祀った、神々のうちの一柱なのだとか。それもそのはず、日本創世の折、国土作りをした男女神のうちの女神、イザナミが命を落とすことになった火の神様のことなのだ。

火除け、災難よけには、やはりこの神様に静まってもらうよう祈るしかない。そう考えた昔の人々の思いは切実だ。瓢の水をもって火を防ぐ、という故事にもとづき、「火の要鎮」の御札を陶製の瓢《ひさご》と笹に結び付けていただけるところは、なるほどのアイデア。

ものを産みだし作りだすにも、人の力で制しきれない火の力を、おそれ、用心し、さらに自然という神の力をたのむことでのりこえてきた古人の知恵の集積がここにある。

焼き払われて灰となった根来寺の火の歴史もしかり。障壁画を運んで逃げた智積院の記憶もしかり。

原子力をどうするか、判断の岐路に立っている我々現代日本人が学ぶべきヒントは、これら静かな境内に立つだけで、いくらでもくみ取り知恵とできる、そんな気がした。

㉒ 伊勢神宮・出雲大社・泉涌寺

――天皇家の神とほとけ

二〇二〇年オリンピックの開催地が東京に決まり、六年先に向かって日本じゅうの空気がうねりだしたような今日このごろ。

四年に一度開かれるスポーツの祭典は、世界中から大勢の来訪者を迎えるために、鉄道や建物、さまざまなインフラ整備が国を挙げて推し進められることだろう。

思えば、国家的事業としての建造工事は、太古の昔からずいぶん行われてきたことだ。巨大な権力者の墳墓の建設などは最たるもの。もっとも、わずか一人の権力者のために強制されるのではなく、皆の思いが一つになり、同じ思いの結集として築かれた建物という意味では、競技場の建設は神殿や寺院のそれとより近いかもしれない。誰か一人の富や権力の象徴とは異なり、いずれみんなのものとして還元される場であるからだ。

奇しくも昨年（二〇一三）は、日本のルーツとも言われるほどに由緒の古い神社が遷宮を迎えた。

神様に移動してもらって、場を空けてもらい、その間に、古くなった神殿を修復、あるいは新築するというものだ。

そこには、日本人が神聖なものに対してかまえる目線がはっきり見える。

過去の遺物ではなく、いまなお人々の生活の中に息づくものであるから、より大切に、心をそそいで築くのだろう。

今回は、それらもっとも長い歴史を持つ古社と、そこに由来しわが国を主導してきた天皇家、その仏事と寺とを訪ねてみたい。

●八雲たつ出雲の地へと退いた神

わが国でいちばん古い書物とされる『古事記』が書かれたのはいまから千二百年以上も前のこと。天に座す神々が、地上に国を創ろうとアクションを起こし、国産みが始まる。いわゆる神話の時代から書き起こされる壮大な物語である。

もっとも、神様だというのに失敗したり争ったり、とんでもなく人間臭いのがどこか楽しい。中でも一番人気は、やはり、国を平定し国作りをした大国主命《おおくにぬしのみこと》だろう。

お兄さんたちに妬《ねた》まれて、何度も苦境に立たされる彼をつい応援したくなるのは、後に判官贔屓といって我々の国民性にまでなる共通の感情かもしれない。サメを欺して並べて橋にし、対岸へ渡りきるまぎわに事実をばらして報復される因幡の白ウサギとの交流などは、心やさしきヒーローとして、もっとも好まれてきた物語の一つといえる。

やさしい心の和魂《にぎみたま》、そして荒ぶる心の荒魂《あらみたま》。ふたつのかたちをとりつつ、ダイナミックな大国主命とその相棒、こまやかな少彦名命《すくなひこなのみこと》との、二人の神が力を合わせ国作りを推し進めていく旅は続く。おかげでこの大国主命、大和ではいちばん偉い神様として大活躍する。

大神神社《おおみわ》にまつわる話の中では、ヘビに姿を変えて里のかわいい娘のところに夜な夜な忍んでくるという、なにやらなまめく話もあって、ギリシャ神話の万能の神ゼウスを連想させるのだが、神といえども完全無欠ではないことを示して、憎めない。

ともあれ、この大国主命は「国つ神」とも記され、先に日本に土着し、国作りをした勢力の象徴であったことは間違いない。

そこへ、「天つ神」、高天原から降りてきた一族があった。もともと地上の国を創ったのはこの天の神。太陽を象徴する天照大神だった。ゆえに、その直系の子孫に地上の国を返せ、というのである。

それまでさんざん苦労して国を治めてきた大国主命だから、そうすんなりとは渡せまい。なにか反抗でもするだろう。――と思いきや、意外に、神話はスムーズに話を進める。

『古事記』によれば、大国主命は、一つだけ交換条件を出して、苦心の国土をあっさり譲ってしまうのだ。その条件とは、

「わがすみかを、皇孫のすみかのように太く深い柱で、千木が空高くまで届く立派な宮を造っていただければ、そこに隠れておりましょう」

というもの。そして実際に出雲に大きな社が建てられると、本当に国を譲って、表舞台からは姿を消してしまうのだ。

このくだりは『日本書紀』にも書かれており、国譲りを受けた大己貴命《おおなむちのみこと》が、

「汝のすみかとなる天日隅宮《あめのひすみのみや》を、千尋《ちひろ》もある縄を使い、柱を高く太く、板を厚く広くして造り、天穂日命《あまのほひのみこと》を祀らせよう」

と言ったとある。

そして、「天下無双の大廈《たいか》」と称えられる巨大な社が出雲に築かれるのはどちらも同じ結末。それまで誰も見たことがないほどの巨大な規模の神殿が出現することで、大国主命の物語とその時代は終わる。

つまり、記紀は、天つ神の命令によって、国つ神である大国主神の宮が建てられたということを、口をそろえて書き残していることになる。出雲の社の創建が、ただの信仰によるものではなく、古代における国家事業、おそらくは政権交代の証として行われたものだという事実がそこからは汲みとれるのだ。

●出雲と伊勢の政権交代

出雲大社での参拝は、他の神社とは違い、二拝四拍手一拝の作法で拝礼する。

また、神在月《かみありづき》といって、一般の地方が神無月となる陰暦の十月に、出雲には全国から八百万《やおよろず》の神々が集まって神議を行うといわれる。いったい神々がどんな議題で話し合うのか、こっそり聞いてみたい気がするが、ここには荒神さんなど家の神は来ない。留守神として村や家にとどまっている、というのも、なんとも芸の細かい設定である。

こうしたことからも、出雲の神の特別さ、神々の中の長たる存在性を見ることができるわけだが、考えてみれば、それはそうだろうと納得もいく。新しく来た神にしてみれば、先に国土に君臨していた神を戦うことなく退かせたのだから、それなりに気を遣って丁重に扱わざるをえないだろう。

では、交換条件となった大きな社は、いったいどの程度のものが作られたのだろうか。

出雲大社宮司の千家《せんげ》家には「金輪御造営差図《かなわごぞうえいさしず》」が伝わっており、古代の建築平面図が残されている。これによれば、一本一本の柱の中に小さな円が三つ描かれていて、三本の材を束にして、一本の柱として用いることを示している。実に大きな柱ということになる。だが従来、これは大社の巨大性を誇張したものとして、長らく真剣に省みられることはなかった。

ところが、平成十二年（二〇〇〇）の調査で、境内の八足門《やつあしもん》前から、勾玉などの他、巨大な宇豆《うず》柱《ばしら》が発掘された。それは図面どおり、一本につき約一・四メートルの柱を三本束ねたものだった。しかも、まさに古図面どおりに配置されていたこともわかる。そう、どうやら、伝説の巨大神殿は本当だったのだ。

平安時代の書物「口遊《くちずさみ》」には、「雲に分け入る千木…」と歌われ、出雲大社の本殿が、東大寺大仏殿や平安京大極殿《だいごくでん》より高かったと認識されている。出雲大社の言い伝えでも、本殿は十六丈（四十八メートル）あったとされるが、当時の東大寺大仏殿が高さ十五丈（四十五メートル）であることを考え合わせると、まさに口遊どおり、出雲大社の本殿は天下無双、大仏殿より高かった可能性は十分考えられるわけなのである。

現在国宝となっている御本殿は、延享元年（一七四四）の建造で、それより小さくなっているもののの、高さ八丈（約二十四メートル）もあり、すでに神社としては破格の大きさである。以後、文化六年（一八〇九）、明治十四年（一八八一）、昭和二十八年（一九五三）、三度にわたり遷宮修造が行われてきた。

さらにそれから半世紀が過ぎ、本殿を覆う檜皮葺《ひわだぶ》きの屋根の傷みが外側から見てもわかるほどに進んでいることから、改修することになったのが今回の「平成の御遷宮」だ。

段取りとしては、平成二十年春に御神体を御仮殿に移し、本殿の大修理に着手する。そして修造がととのった後にもとの御本殿にお還りいただくというわけで、平成二十五年五月、「本殿遷座祭」

が行われた。

●杜から生まれた文明の思想

出雲大社の本殿の屋根は檜皮葺の厚さが一メートル以上というから、全国の檜という檜から皮をはいで集めなければとても足りない。他にも、八足門や境内境外の摂社・末社等を修理するため、檜の数は数万枚にもなるはずだ。

出雲大社で発掘された宇豆柱（中央筆者）

森林の開発と宅地化によって木々が姿を消していく現代、改修の材料の確保は大きな悩みであるだろう。老朽化が誰の目にもわかっていても、遷宮の時をいつにするかの判断は、これら材料の供給ともからみあってくることになる。

これに比べ、傷んでいるいないにかかわらず、遷宮を二十年ごと、と決めてあるのが伊勢神宮だ。

もともと、神様の居場所は「常若《とこわか》」でなければならないとして、常に新しく常に清浄であることを求めたのが日本人の感性だ。したがって、建物がまだ使える状態であっても、古びたり汚れたりすることはケガレ（気枯れ）を意味し、神の生命力を衰えさせることとして忌み嫌った。そのため、たえず掃除し清浄に保つことはもちろんのこと、建物を新しくすることで、神の生命力を蘇らせ、活性化することになると考えたのだ。

伊勢神宮では、そのため、神様に移っていただく先も仮御殿ではなく、常に新しい神殿を本格的に造る。つまり、もとから用地が二カ所あって、互い違いに建て直しては潰すという、贅沢ではあるが実に合理的なやりかたで行われているのだ。

一から新規に建て直すため、必要となる材木も、あらかじめ一万本以上の檜材を用いることが見越されている。そしてそれだけの用材を伐りだすための山が、事前に準備されているのはまさに用意周到。これを御杣山《みそまやま》という。

驚くべきは、御杣山では神宮備林が設定され、樹齢二百～三百年の用材を安定的に提供できるよう、計画的に植林が行われている。二十年ごとに必ず一定のクオリティの木材が一定の分量だけ必要となるのだから、前もってそれにいりような木を必死で確保しようというのは、なんとも賢明な知恵ではないか。言い換えるなら、伊勢神宮が遷宮することによって、森は守られ、木々が保たれ、国土に緑が絶えない、ということになる。

なにしろ遷宮の用材として使用できる木に育つまでには、二百年以上の時間がかかるのだ。一人の人間の寿命では、植林した木が無事に大きく育って切り出される時を見届けることはかなわない。それでも、次なる世代に申し送り、木を育て用意せよと思いを伝える。これが文化であり、歴史であろう。

自分が知らない過去の文化を、自分が見届けることのできない未来へ引き継いでいく。お伊勢さんがあることで、我々は大事なものを失うことなく、ゆたかな文化を保っている。継承とは、民族が一丸で行う伝言なのだという事実を、身をもって知る一体験だろう。

●循環する思想

ところで、これだけ苦労して育てた木、橋や柱や建物の材料となっても、また二十年たてば遷宮となり、うち捨てられるのかというと、そうではない。式年遷宮で解体される旧殿で使用された用材は、神宮内の鳥居になったり、摂社、末社の用材に使われたり、全国の神社の造営等に再利用されていく。

つまり、二百年かけて育った材木は、二十年で費やし捨てていくのではなく、違う場所でまたその使命を果たし役立って命をまっとうするわけのだ。

この循環の思想を、最近になってエコだとかリサイクルだとか言ってもてはやすようになったけれど、なんの、日本ではお伊勢さんを通じ、一千年以上前から行われていたのである。

材木だけではない。建て替えを行う職人たちが技術の伝承を行うためにも、式年遷宮は大きな意味を果たす。

職人は十代から二十代で見習いから下働きを経験し、三十代を越えて棟梁となって実際の建築を担う。五十代以上でも後見として現場には立ち会うから、二十年ごとの遷宮を、生涯二度は体験できることになる。最初は、過去に確立したものを、目の前で見て覚え、次の遷宮時には、実際に自分が体現し、下の世代がそれを見ていてまた覚える、というサイクル。そうやって、確実に技術は継承されていくことになるわけだ。これもまた、めぐりめぐって循環していく大いなる人のわざといえるだろう。

こうした技術の継承は建物に限らず、たとえば奉納する宝剣の、古式の玉鋼《たまはがね》やたたら技術といった伝統であったりする。当然、その材料となる砂鉄そのものの供給を確保させることにもなるし、柄を飾る朱鷺の羽など、そもそも鳥が絶滅しては成り立たないことから、生態系を守り再生させるといった大きな事業をみちびくことにもなっている。

その他、織物、陶器、お供えの食品など、遷宮ではありとあらゆるものが新しくなるから、循環し継承されるものたちもまた、おびただしく存在することがうかがえる。

●神から神へ、神からほとけへ

そもそも伊勢神宮は、農業を主産業とするこの国の民がもっとも重要とみなす命の核、太陽を神格化した天照坐皇大御神《あまてらしますすめおおみかみ》（天照大御神）を祀ってある。それを皇大神宮といい、一般には内宮《ないくう》と呼ばれている。

これに対し外宮《げくう》というのは、衣食住の守り神である豊受大御神《とようけおおみかみ》を祀る豊受大神宮のこと。これら二つの正宮を合わせて伊勢神宮というのである。

『日本書紀』によれば、皇女倭姫命《やまとひめのみこと》が天照大御神の神魂である八咫鏡《やたのかがみ》を鎮座させる地を求め旅をしたと記されている。そしてたどりついたのが内宮だったというわけだ。

皇祖天照大神を祀ることをはじめ、天皇一代につき一人、斎宮として未婚の内親王が占朴によって選んで送られるなど、国家の安泰を願う天皇家のよりどころともいうべき神社であるのは、広く知られているところだ。

しかし、神道を司る天皇家は、寺とはいっさいかかわりがないかというとそうではない。もとより仏教は聖徳太子という天皇家の一員が国家宗教として導入した経緯があり、奈良の大仏で知られる聖武天皇が仏教による鎮護国家をめざしたように、天皇という国家のリーダーによってこの国に根付いたものだ。その後、多くの天皇が勅願寺を建てたり、大寺院に寄進したり、みずから出家して仏弟子となるなど、その縁の深さは言うまでもない。

したがって、古墳を造った時代とは異なり、天皇家も葬儀を行い菩提を弔う寺を持つ。

京都市東山にある泉涌寺《せんにゅうじ》がそれで、仁治三年（一二四二）に四条天皇を葬って以来、天皇家の唯一の菩提寺として、歴代天皇の葬儀をとり行ってきた。どうも明治以降、国家神道の印象が強く、天皇家は神だけを祀るように思いがちだが、そうではないのである。

天皇家では、長く、一年を通して数々の仏教儀礼を行うならわしがあった。たとえば年始に金光明会《こんこうみょうえ》を行い国家の護持を祈り五穀豊穣を祈るなど。歴代天皇の法要もしかり。また、皇居のうちにも、仏壇にあたる御黒戸があって、歴代天皇の御霊牌や念持仏が祀られていたのだ。

ところが明治の神仏分離令は皇室にもおよび、これら仏教的なものを廃止する政策が推し進められた。そして皇居からも、仏にまつわるすべてが撤去されることになる。

その行き先となったのが、この泉涌寺だった。後水尾天皇の代以降では天皇にかぎらず皇后、皇族の葬式も執り行われたため、まさに皇室の寺ということで、「御《み》寺《てら》」とも呼ばれている。

こうして見ると、古い歴史を持つこの国では、長い時間のうちに神と神とが入れ替わり、また神と仏が一緒になる、さまざまな変容があり歴史を織り上げてきたことがわかる。そしてその多様性を上手に受け入れ融合させた先人たちの寛大さを偲ぶことができるのだ。

泉涌寺仏殿

㉓ 西本願寺・南船北馬の門徒衆

――民の心の結集を訪ねて

神と仏に祈りを寄せた先人たちの足跡を訪ねていく巡拝の旅も、二年という節目を迎え、ひとまずペンを置く時が来た。

実際に巡った数は八十八寺社。

数えなおして、日本人にとって八十八夜や八十八箇所など〝たくさん〟を意味する数という偶然の符合に驚いている。

むろん、巡った寺社のすべてを詳細に書き尽くせなかった悔いはもうすでに始まっているから、別な機会に、ぜひ新たな支柱を立てて巡ってみたいと願っている。日本にはその土地土地に、そこでなければならなかった神を見いだし仏をまつる聖なる場所が、まだ数限りなく訪れを待っているからだ。

だがひとまずの区切りをしめくくるについては、京都市下京区にある西本願寺をお訪ねすることにした。

国の史跡に指定された境内はもちろん、世界遺産として「古都京都の文化財」に登録されているから、観光で訪れたことがある、という方も多いだろう。外国人客の姿も目につく。京都駅に近く、その長大な壁のそばを通ったことがあるという人ならもっと多くなるはずだ。もちろんそうした文化財を始め、歴史のさまざまを伺って、未来へのヒントを探してみよう。

●戦う民を見守る仏

本願寺を訪ねたいと思ったのは、私が昨秋書きおろした初めての戦国時代小説『虹つどうべし別所一族ご無念御留』（幻冬舎）の執筆中のことである。

普通一般の日本史の知識では、日本の戦国時代は、天下という餅にたとえて、まず織田がこね、豊臣がつき、最後に徳川が丸めて食べた、と表現される。全国に割拠していた群雄たちが戦いを繰り返し、時には下克上《げこくじょう》でだしぬきあって、強い者が弱い者を従えていった結果の泰平であるというわけだ。

事実、その戦いのうちには、旧型武将と新型武将の決戦ともいえる甲斐の武田氏と織田・徳川軍がぶつかった「長篠《ながしの》の戦い」や、その信長の後継をめぐり羽柴秀吉と明智光秀とが鉾を合わせた「天王山の戦い」など、有名なものがいくつもある。

けれどもそれら戦国武将以上に信長や秀吉が苦戦を強いられた相手がいるのだ。得意の調略も兵糧攻めも、どんな戦術も通じない。そしてどんな武将よりも長くしぶとく、決して屈しなかった最大にして最強の敵とは――。

そう、浄土真宗の総本山、本願寺だ。

そこには無数の信者、門徒衆が籠もっていた。率いたのは、親鸞から数えて十世の顕如《けんにょ》。

戦いの動機は他の武将のような、自分の領地や領民をふやすためという私利でなかったところに大きな違いがある。あくまでも宗教への迫害と弾圧をけしかける権力者に立ち向かい、自分たちの信仰の砦を守る戦い。日本でも希有な宗教戦争といえるかもしれない。

本願寺といえばその当時は大坂の石山にあったことから、信長との戦いは「石山戦争」と称される。武将どうしの合戦がたいてい一日でカタがつく「戦い」であったのとは一線を画す、長期に及ぶものだった。

ところが学校の教科書ではあまりこのことを強調しない。特に公立学校では「宗教教育」なるものに極度にナイーブになり、あっさりすませてしまうのだろう。

私も今回、自分の小説を書くまでわからずにいた。鉄砲の伝来で革命的に戦闘時間は短縮されたはずなのに、なぜに地方勢力の抵抗は続き、戦国時代が長引いたのか。とりわけ、信長が断然強者とわかっていながら、どうしてすみやかに手を組まず、敵対し続けたのか。

誰もがいぶかしみ、不思議に思う点だろう。そして、適当な理由をつけて納得するほかはなくなっていく。信長がそれだけ過激すぎたからだろうとか、長く平和に馴染んで信長の新しさがわからなかったのだろう、とか。

私もそうだ。秀吉に滅ぼされた播州三木のご先祖たちを、情報に疎《うと》く、先祖の由緒にこだわる田舎者、としかとらえられずにいた。

だが、そうではなかった。

彼らが敬虔な真宗門徒であり、互いに助け合い、力を貸しあい、寄り添って生きる、義に篤い人々だったことを知っていれば、歴史は違う側面を見せる。

真宗中興の祖と言われる蓮如は、宗祖親鸞の教えにのっとり、ひたすら弥陀如来の本願にすがり、一心に極楽往生を信じるように、と繰り返し唱えた。つまり、戦国の世にあっては、心の平安、世の泰平は、武力によって治められるものではなく、また一人の権力者によって行われるものでもない、仏だけがよりどころである、ということだ。

門徒衆はこれを真摯に受け止めた。

おしえに従い、全国に散らばる土豪的な小武将や、農業を通じて自治を行っていた惣村《そうそん》に住む農民たちは、その地域ならではの縁を活かして強固な信仰組織を形成していった。無体なワンマン領主がいないために、これらの地域ではいくさがなく、拙著の舞台となる播磨でも、亀山本坊という信徒の拠点を中心として、海運業や農耕が栄え、豊かな町が築かれた。大坂や伊勢長島では、立地が川の流域にある湿地帯だったため、高度な治水や建築技術があったとも言われている。とすれば、信長や秀吉は、侵入者以外の何者でもなくなってしまう。

西国の小勢力は、自分たちのささやかな安定を守るため、彼らに抵抗するほかはなかった。そう、彼らは単なる田舎者ではなかったのだ。武力ではなく、信仰という心の団結をもって平和な世を実現させてきた彼らこそ、数百年早い理想社会をその目でみつめていたことになるからだ。

やっと郷土の歴史を明らかにでき、やっとふるさとに誇りを持てるまで、私の場合、半世紀もかかってしまったことになる。学校教育が宗教の部分を流して過ぎたツケは、せめて私の書く物語で、次なる世代には視野を大きく広げてもらいたいと願っているが、それにしても執筆中、心に神や仏を抱く人の強さに何度感嘆したことだったか。

武力をたのむことしかできない相手に、倒されても倒されてもおそれることなく、み仏の宇宙を信じ、最後の一人となるまで戦えた人々。彼らがもしも石山で勝利していたなら、日本はまったく違う宗教国家になっていただろうという想像がありうるほどに、この戦争の意味は大きい。

●戦う者たち、祈りの者たち

そもそも人は何を神や仏に祈ったのだったか。原点を問い返せば、戦国時代には人々の祈りの中身が大きく変わったことに気づく。

たとえば古代では、神のたたりか仏の怒りと解釈するしかなかった日照りや洪水といったシンプルな自然災害。これを回避したい、免れたいという、天を相手にした祈りが主だった。

だが中世に入ると、人間が向き合う不幸の質も変わってくる。より複雑で、手に負えないもの——貧困や差別、戦争といった、人間自身が生み出した社会的災害だ。

それを終わらせるのは、祈りだろうか、武力だろうか。

この問いに答えを待つ必要はないだろう。

武力が手っ取り早く結果を出すことについては否定しない。また、天下布武を掲げた信長の出現が、早く戦国を終わらせようという時代の必然であったことも確かだろう。しかし力の論理にきりがないことは、歴史が証明している。

戦い奪う武力の者たちに対して、祈りの者らは、徹底した守りを繰り返すしかない。守備は最大の攻撃、などと言われるのはそこだ。

名もなき民でありながら、心に信仰を持つ人々が団結すれば、その集合体は想像を絶する強大なものになる。長享二年（一四八八）に、加賀の守護であった富樫政親《とがしまさちか》に対抗して団結し立ち上がった一向一揆はその典型だ。弓矢の家の由緒と誉れを持つ武将ですらも、信仰という固い絆の前にはなすすべもなく、民らによって滅ぼされてしまうのだ。

むろん本願寺では信者たちによる武力での突出を否とし、抑制にかかっている。だが武将たちを震撼とさせた一向一揆は、恐怖と憎悪の連鎖を増長させた。信長らによる迫害も、恐怖を根源としていたとわかればたあいもない。

このころ信長はすでに京に上って朝廷にも右大臣と認められ、中国、四国、九州と、早く全国制覇にとりかかりたかったことであろう。なのに大坂を動けない。もともと阿弥陀如来しか上に頂くつもりのない人々には、生身の傲慢な武将に頭を下げるはずもないのである。

したがって、武力には武力をもって応じるほかはなく、仏敵、神敵と位置づけられた信長への抵抗には迷いもなければ、終わることもなかったのである。

興味深いのは、寺に籠もりながらも日々の行を怠らない信徒たちは、お経を上げている最中に信長に攻め込まれることを想定し、夕刻の行では普通よりも十分の一のスピードで終わらせる「正信偈《しょうしんげ》」を唱えるという。たとえ生死をかけて戦っていても、修行を怠らなかったというのは驚嘆に値するが、いまなお引き継がれているというのもおもしろい。

しかし力を制するためにはさらなる力を呼ぶことになる。徹底した守りの戦いはどんな武将たちより強靱だったが、しょせんは防戦。攻めてくる相手を抹消する以外には勝ちはない。結局、門徒衆の理想郷も、信長の行った激しい焼き討ちや大量殺戮によって、ついに鎮圧されてゆくのは当然のなりゆきだった。抗戦継続の困難を悟った本願寺では、朝廷の仲介により、天正八年（一五八〇）、信長からの和睦《わぼく》を受け入れ、石山本願寺を明け渡すのである。

●本願寺、京都に移る

もともと本願寺のあった大坂の石山は、古代には海や干潟であった大阪の地勢にあって、唯一、堅牢な地層を基盤とし、地下水の確保ができる、傑出した土地であったことがわかっている。それゆえに、難攻不落の寺のありように懲りた秀吉が、二度と敵対する者に住まわせず、みずからが大坂城を築いて居座ろうと考えたのも、おおいにうなずける。

こうして石山に別れを告げた本願寺は、和歌山の雑賀御坊《さいがごぼう》（鷺森本願寺）、大坂天満と移ったのち、秀吉から京都に寺地の寄進を受け、寺の基を構えることになる。それが現在の堀川六条という地であった。

市街地にこれだけ広大な土地が聖域として結界をめぐらしている事実もさることながら、壮麗な御影堂《ごえいどう》、阿弥陀堂がそれぞれ並んで甍をそらし、見上げる人々を圧倒する。境内はまさに、激しく戦った信徒の記憶を超越する別世界だ。

国宝の書院は対面所と白書院から成り、豊臣秀吉の伏見城の遺構だという俗説がまことしやかに伝わるほどに豪華絢爛たる造り。とりわけ、メインの対面所の欄間は雲と鴻《こうのとり》とを透かし彫りしたみごとなもので、座敷を「鴻《こう》の間」と呼ばせるシンボリックな図柄だ。

すべて、江戸時代に信徒らの喜捨により西本願寺自身が造ったものだが、二百三畳という座敷の広さや、格天井《ごうてんじょう》、本願寺お抱え絵師の渡辺了慶の筆になる障壁画など、やはり、派手好みの秀吉からの贈り物、ということにした方が楽しい気がする空間だ。

この座敷からは前面の庭にある能舞台を見渡せる。なんと、本願寺には国宝の北能舞台を始め、重文の南能舞台、屋内の隠し能舞台と、複数の能舞台が造られているのである。

秀吉好みと見える書院とともに、時の権力者をここに招いて能を見せたのだろうかなどと想像はふくらむが、実際には、彼らがここを訪れたという記録はないという。むしろ能舞台は、全国から訪れる門徒衆に鑑賞させるための装置であったとするのが正しいらしい。なるほど、京は首都であり文化の中心地でもあったのだから、最先端の流行や磨き上げられた芸術を、地方へ持ち帰らせ伝播させる役目もになっていたのかもしれない。

逆に言えば、天下人の住まいと見まがう国宝レベルのしつらえながら、その実、そこにすわるのは全国に散らばる門徒衆ひとりひとり、ということのほうに感嘆しないわけにはいかないだろう。

同様に、国宝である唐門や、池の水面に優雅な姿を写す飛雲閣など、どれも、見る人を圧倒する豪華さだが、それらが限られた権力者のためではなく、門徒衆の宝としてそこに建てられたのであるのなら、まさにここは、日々、心の修行にいそしむ門徒自身の心の城であるに違いない。

●西と東の本願寺

前後するが、この寺院の正式名称は「龍谷山本願寺」。宗教法人としての名称はさらにシンプルに「本願寺」であり、ここの住職がすなわち浄土真宗本願寺派の門主を務めることとなっている。

だが注目したいのは、地図の表記や、京都の人々に尋ねた時の答えは、この寺のことを誰もが「西本願寺」とすることだ。中には親しみをこめて「お西さん」と呼ぶ市民も少なくない。なのに正式名称のうちにはどこにも「西」の文字は存在しないし、歴史をたどっても、ここが信長と戦い、秀吉から寄進されたあの本願寺であることはまぎれもない。

これはどうしたことだろう。

そう、対比されるべき「東」が存在するからこうなったのだ。

話は石山戦争の幕引きにさかのぼる。あのとき、教団は実は真っ二つに分かれていたのだった。無駄な戦いをやめて和睦しようという顕如ら穏健派と、まだまだ戦って仏敵を懲らしめようという主戦派と。

しかし門徒衆を率いて石山を出た後、顕如は文禄元（一五九二）年に亡くなる。跡を継いだのはその長男の教如であったが、彼は強硬な主戦派だった。そのため、父を支え続けた元の穏健派を重用しなかったのだ。

当然のように、対立は蒸し返されてしまう。いや、それどころか、この対立は発展し、教団内に亀裂を深めていってしまうのだ。

苦慮のすえに、教如は引退させられ、本願寺は三男である弟の准如《じゅんにょ》の手にゆだねられる。

ところが時は移り、天下は徳川家康のものとなっていた。したたかなこの為政者は、自ら築いた江戸幕府の安泰のためにも、上方でなお揺るぎない勢力を誇る本願寺を何らか対処しておく必要があった。そこで隠居しつつも宗教活動を怠らない兄の教如に土地を寄進し、表舞台に引き出していくのだ。胸に現役復帰の野心ある教如もまた、これを受け、分裂の芽はついに、揺るがぬものとなってしまう。

教如の寺は東に位置したことから、東本願寺と呼ばれることとなる。考えてみれば、家康は、本願寺の内部分裂を利用して、この強大な信仰勢力を二分することにまんまと成功したのである。

●親鸞をしのぶ御影堂

そもそも、浄土真宗の開祖である親鸞の菩提を弔う意図から発展した本願寺。起源をたどれば、九十歳という長寿をまっとうした親鸞が亡くなったのは弘長二年（一二六二）、押小路南万里小路東にあった善法院だった。遺骸は当時の埋葬地である東山鳥辺野《とりべの》で荼毘に付され、墓地を定めて納骨されたが、それは寺というより、あくまで墓所にすぎなかった。

親鸞の下には多くの弟子が育っていたが、いかんせん、平安以来京都で絶大な権力を持つ延暦寺をはばかって、洛中に教団を持つことができなかった。それは親鸞の師、法然が開いた浄土宗への逆風を見ればあきらかだ。

しかし、そんな旧仏教にさえ、戦国の風は吹き荒れた。多くの人、建物が戦火で焼かれて失われ、随所で衰退の憂き目を見る。歴史とは、まさに、新しく興った波が古い流れを凌駕していく、その繰り返しなのであろう。

そして、戦いの中にあって守られ消えることのなかった灯火は、民衆の心を集め発展し、こうして現代にかたちを残した。

西本願寺には、我々日本人の信仰の歴史が、現在進行形でなおあざやかに輝いている。

㉔ 長崎へ、切支丹の息吹をたどる

――番外編

●もう一人、神様はいた

機嫌よく連載をこなし終えたはずなのに、予定にはなかった道標をみつけてしまった。
それは耶蘇教――キリスト教だ。

仏教と同様、海のかなたの地に起こり、はるかな距離と時間をかけて極東のこの島国へと運ばれてきた〝外《と》つ国〟の神。

日本人はこの神に対しても誠意を尽くし、一緒に歩んできたのは確かなのだ。この事実に、気づきながらも目を伏せて、八百万《やおよろず》の神々と仏の融合だけで稿をまとめて終わるのか。

どうしたものかと思案しているとき、私の頭上で、信号が変わった。宗教学者であり大阪府池田市の如来寺住職でもある釈徹宗さんが、長崎へ隠れキリシタンの足跡をたどって取材に出られるという。案内役は長崎在住のクリスチャン、下妻みどりさん。

釈さんには、思想家の内田樹さんとご一緒に、やはり「聖地巡礼」のテーマで著書がある。私を競合相手と思うことなくお声をかけてくださったのは実に大きなお心だ。むろん書き手が違えば目線も違い、同じ土地に行ったとしても得ること感じることはまったく違うから、甘えさせてもらっていいだろう。その場でスケジュール帳を開いてみれば、連日ぎっちり多忙であるにもかかわらず、なんと、そこだけすっきり空いている。これは、行ってこい、との神仏のおぼしめしか。ならば迷うことなく、いざ、長崎へ。もう一人の神との出会いを確かめに行こう。

●命に代えても譲れぬもの

そもそも私が、耶蘇教を書かなかった、という〝忘れ物〟に気づいたのは、先頃、『虹、つどうべし　別所一族ご無念御留』（幻冬舎）を書き下ろす中でのことだった。

戦国時代に材をとったこの小説は、織田信長が京に上り、天下統一も目前、という天正時代の物語だ。その中で、どうしてもわからない、解決できない謎にぶつかってしまった。

天下布武をめざす信長は、いよいよ、西国へ進出、毛利氏を攻めることになる。だが信長本人は、動かないのだ、出てこないのだ。

畿内に隣り合わせ、ほんの一歩を進むだけの播磨や丹波でさえ、彼は姿を現さない。すべて、家臣の明智光秀や羽柴秀吉にまかせっきり。それだけ家臣を信頼していたように見えるが、実は、丹波・播磨では壮絶な激戦が繰り返され、家臣らは随所で苦戦を強いられている。籠城ひとつに二年もかかった三木城を始め、そのたび信長に手紙を書き、援軍を送ってくれと泣きついているほどなのだ。

それにもう一つ、謎はある。丹波、播磨、そして中国勢の、あのしぶとさは何だ。すでに時の趨勢《すうせい》はもう信長にあるというのに、どうしてそれを認めず、徹底抗戦したのだろう。

無宗教とさえ言われる現代人の価値観だけでは、これら二つの謎は読み解けない。

信長は出ていかなかったのではなく、出ていくことができなかった。一刻たりとも手を離すことのできない巨大な敵と交戦中だったからである。そう、大坂の石山に本拠地を置く本願寺だ。そして播磨や丹波、中国には、同じ信仰でつながれ、仲間をささえようとする人々が無数にいた。そのため、家臣らは援軍を当てにせず戦うほかはなかったのだ。

謎は解けた。天下を統一しようという信長の敵は、神々、そして仏を仰ぐ人々だった。命に代えても譲れぬ信仰という心であった。

これに勝つにはどうするか。業を煮やしながら彼は考えただろう。南蛮渡りの鉄砲をどれだけ保有しようと無意味なこと。武力ではけっして民を従わせることはできはしない。

そこで彼は思いつく。鉄砲には鉄砲を、人には人を。そして神仏を倒すには、新しい神にお出まし願うほかはない、と。

信長は、ポルトガルやイスパニアから布教のチャンスを求めて荒波を越えて来た宣教師たちを優遇することになる。

元亀元年（一五七〇）、ポルトガル出身のイエズス会宣教師ルイス＝フロイスを謁見した信長は、彼が京都に住むことや布教することを認め、翌年にはイタリア出身のイエズス会宣教師であるオルガンティーノに、京都や安土で南蛮寺、セミナリオを建てることも許している。最高権力者である信長のこうした保護によって、キリスト教は確実に広まり、九州から畿内にかけては急速な発展をみせていくことになる。

●人には人を、神には神を

戦国時代を、単に人間と人間、武力の大小で争われた時代だという解釈だけでは、けっして解けなかった謎。

たしかに戦国の武将たちは近隣の戦国大名という「外なる敵」とも戦っていたが、もう一つ、領国内に息づく仏教勢力という「内なる敵」とも戦い、手こずっていたわけだ。この二番目の敵に対して十年間も苦しんだ信長が、キリスト教を保護することによって信徒の勢力を抑え込もうとしたのは、ある意味、すぐれた戦略と言わざるを得ない。しかも信長自身は信者にはならなかった。単に政略としてキリスト教を利用したにすぎないのだ。

この時代に伝わったのはスペインやポルトガルを中心としたカトリックであったが、それは布教と貿易を一体とするものだった。そのため、貿易の利益を目当てにキリシタン大名となる者も現れる始末。彼らは南蛮貿易によって存分に経済力を蓄えていく。

ところが信長が斃《たお》れ政権が秀吉に移ると、天正十五年（一五八七）、いきなりバテレン追放令が出される。秀吉が薩摩の島津氏を平定した帰途、博多での発令であるから、九州の地における現実をつぶさに見ての判断だろう。長崎がイエズス会に寄進されてしまったことなど、売国にも等しく、それ以上キリシタンの意のままにはしておけなかったに違いない。

●受難の時代へ

秀吉は、南蛮貿易そのものは禁止せず、布教のみを禁じた。だが、当時のカトリックは布教と貿易が一体であったため、貿易とともに宣教師のひそかな渡来は続いていたし、日本人の朱印船による海外渡航も盛んだった。

だが、やがてこれにも限界は来る。

キリスト教では主なる神を絶対とし、たとえ王でも天皇でも、領主の権力を認めることはない。そのため、いくら関白や将軍になったとしても、神を抑えて人民や家臣の頂点に君臨するという政権の構図を維持するのは困難だった。したがって、家康の時代になると、キリスト教はついに禁止される方向へと向かう。さらに強硬にキリスト教の禁止と貿易の統制を本格化させるのは、三代将軍の徳川家光の時代になってからのことである。

寛永元年（一六二四）、スペイン船の来航が禁止される。一六三七年には、天草四郎が率いる島原の乱が勃発。幕府は、平定という名のもとに一帯の切支丹を根絶やしにしたと伝えられる凄惨な戦だった。そして翌年には、ポルトガル船も来航禁止となり、ついに南蛮貿易も終焉の時を迎える。

同時に、寛永十七年（一六四〇）には宗門改《しゅうもんあらため》役が設置され、民衆は必ずどこかの寺の檀家として組み込まれる寺請制度が確立する。つまり、ここでも「人には人を、神には神を」が徹底されていくわけである。

かつて仏教、とりわけ真宗の檀信徒をおさえこむために利用されたキリスト教は、日本の地上でその役目を終え、ふたたびもとの神々、そして仏の国土へ回帰していくという流れを、ここにあざやかに見ることができる。

これに従わず、かたくなに信仰を守り、棄教しない者には、おそろしいほどの迫害と弾圧が待っていた。宣教師がいなくなり、鎖国が完成するにつれ、おもわくどおり、切支丹はだんだん少なくなっていくのだ。

だが人の心はどんな迫害を受けようとそう簡単に征服されるものではない。彼らは隠れ、潜伏し、子々孫々へと心を伝えて、驚くべき忍耐強さで信仰を守り続けていったのだ。

●隠れても棄てられなかった神への心

二百六十年の時が流れて、時代は幕末。ペリー来航によって開国を受け入れた日本では、長崎をはじめ五つの港がその玄関口として扉を開いた。まだ国内では切支丹禁令の高札が立っていたが、居留地の外国人のためには教会が建てられ、かつてキリシタン隆盛の地だった九州、長崎の地にも、大浦天主堂が美しい尖塔をそびやかすことになった。

「ふらんす寺」と呼ばれたその教会へ、ある日、一人の日本人の女がやってきた。そして神父にこう囁《ささや》いた。マリア様を拝ませてください。——なんと、禁教の時代を通して隠れ続けたキリシタンが、大浦に教会ができたという噂を聞いて、神父のもとに現れたのだ。

それは東洋の奇跡、と言われ、衝撃とともに本国へと駆け巡ることになった。

弾圧下にありながら信徒たちだけで隠れて信仰を守り、いく百年もの歳月をくぐりぬけて、ふたたび教会に復帰してきた。——こんなことは、世界のどの宗教史上でも例がない。西洋人の驚きは、推して計れよう。

ヨーロッパじゅうを驚嘆で揺るがしたこの歴史的事件は「信徒発見」と呼ばれる。

もっとも、日本人自身には、それがどれほど奇跡的なことであるかがわからずにいた。新政府となっても禁教は解かれず、名乗り出てきた隠れキリシタンたちは捕らえられ、女も子供も過酷な拷問を受けるのだ。いわゆる「浦上四番崩れ」という、目を覆いたくなる弾圧の始まりだった。

ここでも日本の為政者は、諸外国との貿易や対等な国交のみを優先課題としてとらえていた。心の水位がどれほど人の質を量るものか、たいして注意を払わなかったのであった。

だから、彼らが悲願として掲げる不平等条約の改正も、まさかキリシタン弾圧がネックになっているなど、想像すらしなかった。どうして列強諸国が対等の話し合いのテーブルにつくことさえ許してくれないのか、悩みに悩み、鹿鳴館で踊るなど、あの手この手で日本が文明国であると主張するが、欧米の人々は、これら奇跡の信徒に対して弾圧を続ける明治政府を、野蛮人、としか見なかったのだ。

やがてこの事実に気づくのは、岩倉具視《いわくらともみ》ら日本人自身が欧米に渡り、彼らの反応を目の当たりにしたからだった。明治六年（一八七三）、やっと日本は、禁教の高札を撤去する。

信教の自由は人としての当然の権利として保証されているのは、いまの世では言うまでもない。

●七代待てば許しの時がやってくる

開発と埋め立てですっかり当時の地形と様変わりしてしまっている長崎だが、小高い、街を見下ろす坂の上に立った大浦天主堂は、いまも瀟洒で美しい。国宝に指定されているのは、元治元年（一八六四）建設という日本最古の歴史的由来のみならず、第二次大戦で原爆投下の犠牲になったこととも切り離せない。

そこから浦上天主堂に足を伸ばし、資料館に入ってみた。ここでは隠れキリシタンたちが代々秘密裏に拝んできたマリア像のいくつかを見ることができる。中国から密貿易で輸入されたとみられる白磁製のマリア観音。納戸の中の柱の裏側に刻まれた聖像聖画やクルスなどの「納戸神」。表向きは仏教徒としてふるまいながら、小さな集落単位で秘密組織を作って、それらの神を拝んできた歴史。

大浦天主堂

祈祷文である「オラショ」を聞かせてもらったが、どう聞いても西洋風は抜け落ちて、何か念仏を唱えるような、一種独特の暗さが耳にまとわりつく。国内にカトリックの司祭が一人もいない状況で、何百年も前に教わったやりかたに従い、地方地方で変容しつつも、新しく赤ちゃんが生まれれば洗礼を授け、親が子へと、代々、信仰を守り続けた。隠し通し、守り通したそのモチベーションを持続させたのは何だったのか。それは、先祖から受け継ぎ、揺るがなかった一つの預言だ。

「七代耐え忍べば、再びローマから司祭がやってきて、告解《こっかい》を聞いてくださる」

村人を最後まで導いた日本人指導者セバスチャンの師のサン・ジワンの言葉だという。

実際、二百六十年の時を経て、その預言は事実となった。彼の預言は、堪え忍んだ人々の胸に、希望となって訪れたのだ。

●許してほしくて神とする

黒崎には、セバスチャンにまつわる遺跡がいくつか現存している。まず、彼が隠れ住んだという山の中の小屋に案内してもらった。

沢のほとり、うっそうと木立が茂る森の奥は、昼でもじめじめと暗い森の暗さが胸に迫る。おそらく冬は寒さで凍えただろうし、夏には虫が湧いてやりきれなかったことだろう。いかにも「隠れ」にふさわしく、孤独で過酷な場所と感じた。

それでも、みつかれば拷問を受け殉教するしかない彼にとっては、命を賭けて使命を果たす場所はここしかなかった。彼は、隠れキリシタンたちの祈りの場として、ここで信徒の告解を聞き、心のささえとなり続けたのだ。とりわけ彼の大きな業績は、当時の教会暦をもとに、日本語による初の教会祝日表を編纂したことだ。バスチャン暦と呼ばれ、迫害のもとで隠れるしかなかったキリシタンたちの信仰生活の規範となって、今日なお旧キリシタンに継承されている。

ところが潜伏生活は長く続かない。銀百枚の報酬で村人に密告され、彼はわずか二日後に拷問されて絶命する。明治になって村人たちは、彼の師である南蛮人サン・ジワンを「枯松神社」に祀って、遺徳を偲ぶことになる。

だが待てよ。バテレンを、神社に、祀る？

一瞬、耳を疑ったが、釈先生によればこうなる。いわく、村人たちは、自分たちのために死んだセバスチャンの霊を慰めずにはいられなかった。しかし切支丹として弔うのか、慣行どおり仏式にするのか、意見はさまざまに分裂した。ならば彼本人ではなく、代わりに彼の師匠を神様として祀ればどうだ。

「日本の神様って、便利な装置なんですよ」

なるほど、師匠が神になって祀られるならセバスチャンもうれしいだろう。

ここにも神との融合がある。それも、神仏ではない、切支丹との融合。

日本の神々は八百万。人でもなれるし仏もなる。ついには切支丹までが神になっても、いっこう矛盾はきたさない。

見回せば、隠れ切支丹たちがこっそり集まってはオラショを唱えたとみられる巨岩の「祈り岩」が冷たく沈黙していた。墓碑とみられる古さびた石碑も散在して、饒舌なのは森の木々ばかり。

ざわっ、と枝々をしならす風が起これば、まるでその場を立ち去れずにいる霊魂が何かを訴えているようだった。

●子孫に託した告解とは

もう一度あの預言をかみしめてみる。「七代待てば、本物の神父さまが海の向こうからやってきて告解をしてくれる」――告解とは、自分の罪を聞いてもらい、洗い流してもらうことである。しかし七代も待って、彼らはいったい何を許され、どんな罪を流してほしかったのだろう。

黒崎には、遠藤周作記念館がある。名作『沈黙』の舞台になった縁らしい。海ぞいに崖が切り立った小さな村で、ひたすら海が青いことが悲しいほどだ。

物語は、棄教か殉教かを迫られて拷問を受け、踏み絵を足にかけて命をながらえた「転び」のポルトガル人宣教師の、究極の心理を取り上げたもの。学生の頃に読んで、胸が苦しくよじれるようだった読後感を思い出す。

この小説によれば、真に神を信仰し揺るがなかった強い人は、拷問のすえ、もれなく死んだ。雲仙の煮えたぎる地獄に突き落とされて、あるいは公開で火あぶりにされて。天草四郎が率いた島原の民などはその典型だ。むごく、悲しい殉教は、それゆえに聖人として彼らの生きざま、死にざまを美しく讃える。

しかし、生き残り、隠れて信仰を守ったキリシタンたちは――。

とても私が口に出しては言えることではないが、つまりは、裏切り、密告し、生き残って、切支丹であることを隠し通した潜伏者の末裔こそが隠れキリシタンということになるのか。

「そうですよ、私らはみんな、生きるために踏み絵を踏んだ者たちの子孫なんですよ」

長崎生まれ、そしていまも長崎を愛して暮らす案内人のみどりさん。その一言が哀しく胸に突き刺さる。

信者が集まった巨岩

村人が枯松神社にサン・ジワンを祀り、七代待って、ローマから来るであろう本物の神父さまに告解したかった彼らの罪。それは、強くまっとうな信仰を貫いた同志を、裏切り、銀貨で売った、弱き隠れ者の〝良心〟だった。まさしくそれは現在、みどりさんが生まれる前から、七代前から背負わされてきた原罪なのか。隠れの人々はまさに、その罪をあがない許されるために、納戸神に祈り、読経のようなオラショを唱え、マリア観音にひざまずき続けてきたに違いない。
許し、許されて、心の水平線をとりもどすため。からりと晴れた太陽の下に、祈りの場所をとりもどすため。神とは、そのために常に人とともにある。

日本人の信仰とは？　日本人の神とは？　仏とは？　青い青い海から吹きつける風が、問いかけだけを反響させて、心にしみた。

あとがき

この本を書くきっかけは、ラジオ関西「神仏融合　玉岡かおるの巡拝の旅」という番組を持ったことだった。

明治の初めに「神仏分離令」という政策によって切り分けられた神と仏。しかし百四十年の時が流れ、平成の世になると、もとのかたちに戻そうという動きが、神社側、仏教側、双方から起き上がってくる。本来、ゆたかな森と雨とに恵まれた日本では、大自然が築いた造形に霊力を感じ、そこを聖地として神や仏をともに祀ってきた。その原点を、人は忘れなかったのだ。

そして両者が手を取り、百五十もの寺社が集まって「神仏霊場会」が発足する。これをきっかけに、私の番組でも、全国の神社仏閣をめぐる旅へと出かけることになった。

それは実に気軽なアプローチだった。建築としての寺院や神殿の威容に目を見はり、仏像のきよらかさにため息をもらし、神域の森の神々しさに胸打たれる。信仰や宗教というレベルにはほど遠い、無邪気な視線でありながら、よそよそしく眺めて知識を貪るだけの研修や観光とはまったく異なる入り方。

毎週、訪ねた寺院の由緒やいわれにまつわる話を番組で紹介するのだが、住職さんや神主さんへのインタビューは、遠い日、自分の知らない昔話をせがんで聞いた日のように、わくわくするような時間だった。

しかし私が物を書く人間である以上、口頭で流れ去ってしまう話はどうにも惜しい。これを書き留め、思索を深めてみたいと考え至るのは、ごくごく自然なことだった。

こうして仏教雑誌『大法輪』での二年におよぶ連載が始まる。

仏教が伝わる前後の大和から筆を起こし、いく度となく刷新の風に吹かれながらも、ついには国民全体が宗門改《しゅうもんあらため》という政策に組み込まれ仏教徒となる江戸時代までを、時の流れの順に寺社を並べて書き進めた。

取材で出かける先々の寺社では、歴史の教科書に書かれたことの数百倍もあざやかな発見がある。顔も知らない祖先たちが、同じ土の上に立ち、風土の制限の中で懸命に頭をひねって築いた大きな遺産。日本人とは、なんと長大な歴史を持つ民族なのか、なんとこまやかな文化を持った人々であることか。

その智恵、努力、向上心。すとん、と理解が落ちてくるたび、えらい、と先人たちへの敬意が深まり、さすが、とこの国へのいとおしさが満ちてくる。

一冊にまとめ上げれば、一本の大河の、迷い、滞り、蛇行しつつも力ほとばしらせてまた流れゆく様子にも似て、無数の人々が生きてたばねた時間がくっきり、生命力を持って浮かび上がってきた。

神や仏に会うための道。それは自分自身をみつめる時間であり、人がよりよく生きようとあがいた歴史をひもとく旅でもある。

難しくはない。はてしなく深い世界ながら、思い立てば日本国じゅうどこにでも身近に神社や寺はあり、どこにでも入り口が開けているのが強みといえる。神仏のいます領域はいつでも、すがすがしい空気をたたえ、ストレスだらけの俗世を切り離す結界をむすんで、私たちを待っていてくれる。それが歴史の力、一朝一夕にしては成すことのできない、文化という名の結集であろう。長い時間をかけたからこそ、誰もが共通して感じられる普遍のものがそこにある。

軽く踏み入れたつもりのこの道は、どんどん奥へと私をいざない、尽きる気配はまったくない。ならば私も、まだ訪れていない聖地へと、この先、続けて歩いて行くしかなさそうだ。

旅は、いつ始めても、遅すぎることはない。今でないと感じられない発見があり、今だからこそ深めていける実人生への思索に満ちている。

さあ、一緒に旅へ、とお誘いしよう。この本はきっとよき道案内の友になる。

ここまでの私の旅に、快く入り口を開き、お話しくださった寺社の皆様各位に、心よりの感謝を捧げて、結びとしたい。

平成二十六年如月　　　　　　　　玉岡かおる

⑭生田神社　〒650-0011 兵庫県神戸市中央区下山手通 1-2-1
☎ 078-321-3851
葛井寺　〒583-0024 大阪府藤井寺市藤井寺 1-16-21
☎ 072-938-0005
⑮清荒神清澄寺　〒665-0837 兵庫県宝塚市米谷清シ 1
☎ 0797-86-6641
八坂神社　〒605-0073 京都府京都市東山区祇園町北側 625
☎ 075-561-6155
広峯神社　〒670-0891 兵庫県姫路市広嶺山 52
☎ 079-288-4777
⑯住吉神社　〒558-0045 大阪府大阪市住吉区住吉 2-9-89
☎ 06-6672-0753
石山寺　〒520-0861 滋賀県大津市石山寺 1-1-1
☎ 077-537-0013
⑰六波羅蜜寺　〒605-0813 京都府京都市東山区五条通大和大路上ル東
☎ 075-561-6980
浄土寺　〒675-1317 兵庫県小野市浄谷町 1951
☎ 0794-62-4318
知恩院　〒605-8686 京都府京都市東山区林下町 400
☎ 075-531-2111
⑱建仁寺　〒605-0811 京都府京都市東山区大和大路通四条下る四丁目
小松町 584　☎ 075-561-0190
妙心寺　〒616-8035 京都府京都市右京区花園妙心寺町 1
☎ 075-461-5226
⑲金剛寺　〒586-0086 大阪府河内長野市天野 996
☎ 0721-52-2046
観心寺　〒586-0053 大阪府河内長野市寺元 475
☎ 0721-62-2134
湊川神社　〒651-0015 兵庫県神戸市中央区多聞通 3-1-1
☎ 078-371-0001
⑳當麻寺　〒639-0276 奈良県葛城市當麻 1263 中之坊
☎ 0745-48-2001
道成寺　〒649-1331 和歌山県日高郡日高川町鐘巻 1738
☎ 0738-22-0543
㉑根来寺　〒649-6202 和歌山県岩出市根来 2286
☎ 0736-62-1144
智積院　〒605-0951 京都府京都市東山区東瓦町 964
☎ 075-541-5361
坐摩神社　〒541-0056 大阪府大阪市中央区久太郎町 4 丁目渡辺 3 号
☎ 06-6251-4792
㉒伊勢神宮　〒516-0023 三重県伊勢市宇治館町 1
☎ 0596-24-1111
出雲大社　〒699-0701 島根県出雲市大社町杵築東 195
☎ 0853-53-3100
泉涌寺　〒605-0977 京都府京都市東山区泉涌寺山内町 27
☎ 075-561-1551
㉓西本願寺　〒600-8501 京都府京都市下京区堀川通花屋町下ル
☎ 075-371-5181
㉔大浦天主堂　〒850-0931 長崎県長崎市南山手町 5-3
☎ 095-823-2628
浦上天主堂　〒852-8112 長崎県長崎市本尾町 1-79
☎ 095-844-1777
枯松神社　長崎市下黒崎町枯松頭

①高野山金剛峯寺　〒648-0294 和歌山県伊都郡高野町高野山 132
☎0736-56-2011
恵光院　〒648-0211 和歌山県伊都郡高野町高野山 497
☎0736-56-2514
②大神神社　〒633-8538 奈良県桜井市三輪 1422
☎0744-42-6633
四天王寺　〒543-0051 大阪府大阪市天王寺区四天王寺 1-11-18
☎06-6771-0066
③法華山一乗寺　〒675-2222 兵庫県加西市坂本町 821-15
☎0790-48-2006
摩耶山天上寺　〒657-0105 兵庫県神戸市灘区摩耶山町 2-12
☎078-802-2211
④東大寺　〒630-8211 奈良県奈良市雑司町 406-1
☎0742-22-5511
⑤西大寺　〒631-0825 奈良県奈良市西大寺芝町 1-1-5
☎0742-45-4700
⑥青岸渡寺　〒649-5301 和歌山県東牟婁郡那智勝浦町大字那智山 8
☎0735-55-0401
那智大社　〒649-5301 和歌山県東牟婁郡那智勝浦町大字那智山 1
☎0735-55-0321
⑦石上神宮　〒632-0014 奈良県天理市布留町 384
☎0743-62-0900
興福寺　〒630-8213 奈良県奈良市登大路町 48
☎0742-22-7755
⑧賀茂神社　上賀茂神社 〒603-8047 京都府京都市北区上賀茂本山 399
☎075-781-0011
下鴨神社　〒606-0807 京都府京都市左京区下鴨泉川町 59
☎075-781-0010
叡福寺　〒583-0995 大阪府南河内郡太子町太子 2146
☎0721-98-0019
⑨唐招提寺　〒630-8032 奈良県奈良市五条町 13-46
☎0742-33-7900
七宝瀧寺　〒598-0023 大阪府泉佐野市大木 8
☎072-459-7101
⑩延暦寺　〒520-0116 滋賀県大津市坂本本町 4220
☎077-578-0001
神護寺　〒616-8292 京都府京都市右京区梅ケ畑高雄町 5
☎075-861-1769
⑪書写山圓教寺　〒671-2201 兵庫県姫路市書写 2968
☎079-266-3327
長谷寺　〒633-0112 奈良県桜井市初瀬 731 − 1
☎0744-47-7001
⑫石清水八幡宮　〒614-8005 京都府八幡市八幡高坊 30
☎075-981-3001
平等院　〒611-0021 京都府宇治市宇治蓮華 116
☎0774-21-2861
⑬金峯山寺　〒639-3115 奈良県吉野郡吉野町吉野山 2498
☎0746-32-8371
聖護院　〒606-8324 京都府京都市左京区聖護院中町 15
☎075-771-1880

玉岡かおる
1956年、兵庫県三木市生まれ。神戸女学院大学卒業。89年、神戸文学賞受賞作の『夢食い魚のブルー・グッドバイ』（新潮社）でデビュー。2008年『お家さん』（新潮社）で第25回織田作之助賞を受賞。著書に『をんな紋』（角川書店）、『天涯の船』（新潮社）、『タカラジェンヌの太平洋戦争』（新潮選書）、『銀のみち一条』（新潮社）、『自分道』（角川選書）、『負けんとき―ヴォーリーズ満喜子の種まく日々』（新潮社）、『ひこばえに咲く』（ＰＨＰ研究所）、『虹、つどうべし』（幻冬舎）、『ホップステップホーム！』（実業之日本社）など多数ある。またラジオ・テレビのコメンテーターとしても活動している。

本書は月刊『大法輪』2012年1月号から2014年2月号まで連載したものを単行本化したものです。

にっぽん聖地巡拝の旅

平成26年 4月10日 初版第1刷発行

著　者　玉　岡　か　お　る
発行人　石　原　大　道
印刷所　三協美術印刷株式会社
製　本　株式会社 越後堂製本
発行所　有限会社 大法輪閣
東京都渋谷区東2－5－36　大泉ビル2F
TEL　(03) 5466-1401(代表)
振替　00130-8-19番

ISBN978-4-8046-1360-4　C0095　Printed in Japan